KB194112

삶은
생각이다

국립중앙도서관 출판시도서목록(CIP)

삶은 생각이다 : 社會思想 / 지은이: 박재환. -- 부산 :
호밀밭, 2013
p. ; cm. -- (호밀밭 석학 강좌 ; 1)

ISBN 978-89-98937-12-6 03300 : ₩15000

사회 문제[社會問題]
사회 비평[社會批評]

330.4-KDC5
300.2-DDC21 CIP2013025574

삶은 생각이다

© 2013, 박재환 Park, Jae Hwan

지은이 박재환 **초판 1쇄** 발행 2013년 12월 10일 **2쇄** 발행 2015년 2월 26일

펴낸곳 호밀밭 **펴낸이** 장현정 **디자인** 김영진

등록 2008년 11월 12일(제338-2008-6호) **주소** 부산 수영구 광안해변로125 남천K상가 B1F

전화 070-7530-4675 **팩스** 0505-510-4675 **전자우편** homilbooks@naver.com **홈페이지** www.homilbooks.com

Published in Korea by Homilbat Publishing Co, Busan. Registration No. 338-2008-6.
First press export edition December, 2013. **Author** Park, Jae-Hawn
ISBN 978-89-98937-12-6 03300

가격은 겉표지에 표시되어 있습니다.
이 책에 실린 글과 이미지는 저자의 허락 없이 사용할 수 없습니다.

"세상의 모든 책은 더 나은 삶으로 향하는 출발입니다."
세상 모든 것에 감탄하는 지혜로운 사람들의 공간 호밀밭

삶은
생각이다

차 례

책 머리에

요즘 우리 사회는 역사에 그 유례가 없을 만큼 심각한 사회적 아노미(Anomie)를 겪고 있다. 그것은 세계적으로 유일하게 분단국가로 남아있으면서도 한편으론 새로운 경제성장의 모델로까지 회자되는 산업화를 이루었고 또 장기간의 군사정권 이후 가장 빠르게 정치적 민주화를 정착시키는 등 우리 사회가 그 간 겪어온 격변의 과정이 낳은 필연적 결과이기도 하다.

어느 사회든 급속한 변동이 일어날 경우 사회의 구성부분 간 변화속도는 어긋나기 마련이다. 이 때 기존의 지배적 가치관에 상당한 혼란이 야기되는데 이를 사회학에서는 '문화지체(cultural lag)'라는 말로 설명한다. 일반적으로 물질적 문화의 변동은 빠르게 일어나는데 반해 정신문화가 그 속도를 따라가지 못할 때 전통적 규범은 구성원들 사이에서 기존의 설득력을 더 이상 갖지 못하게 된다. 그런 이유로 기성세대들은 곧잘 '세상이 말세'라고 한탄하는 데 반해 젊은이들은 '세상이 달라졌어요, 조선시대가 아니란 말이에요' 하는 식으로 반박하기도 한다.

이처럼 같은 시대를 살고 있어도 서로 간의 생각이 다르면 사람들은 반목하고 싸운다. 흔히 사람들은 돈이나 권력 같은 희소가치를 더 많이 갖기 위해 싸우는데, 이처럼 분배의 몫을 둘러싸고 일어나는 갈등은 자연계에서는 일상적이다. 그러나 인류는 '생각' 때문에도 싸운다. 인간만이 '생각' 때문에 싸우는 존재이기도 하다. 생각하기에 따라 천국도 되고 지옥도 된다는 말이 있을 정도다. 이는 인간의 삶이 단지 빵만으로 결정되는 것이 아니라 나름의 생각과 의미를 추구하는 과정이기도 하다는 걸 의미한다. 또 이런 맥락에서 '삶은 생각이다'라는 우리의 명제가 성립될 수 있다.

최근 들어 우리 사회에서 새롭게 등장하는 '종북논쟁'의 이념갈등은 국론 분열의 전형이다. 뿐만 아니라 세대 간의 상충, 전통과 초현대의 혼종, 종교 교단 내의 분열, 자살과 정신질환의 폭증 등은 우리 사회가 더 이상 방치할 수 없이 심각한 아노미와 '사상의 혼돈' 속에 빠져 있다는 반증이기도 하다.

이와 같은 '생각과 사상의 혼란'은 어디서 비롯하는 걸까. 우리가 그 동안 당연하다고 믿어 온 생각들의 뿌리는 무엇일까. 이런 의문에 응답하기 위해서는 무엇보다 우리 사회에 유형, 무형으로 영향을 미치고 있는 굵은 줄기의 사상에 대한 성찰이 필요할 것이다. 이 책은 이러한 문제의식에서 출발한다.

지금까지 국내에서도 사회사상사와 관련된 책들은 상당수 출판되었다. 그러나 필자가 1960년대 초 대학에 다닐 때부터 이후 교수로서 대학에서 사회사상사 강의를 해온 상당 기간 동안 접한 거의 대부분의 책들은 서양의 사회사상사에 집중되어 있었다. 뿐만 아니라 그러한 책들은 대부분 서양의 근대사회사상에서부터 출발하고 있었다.

하지만 오늘날 우리사회가 겪고 있는 사상적 혼란을 규명하는데 있어서 서양의 근대사회사상에 집중된 사상사 탐색은 그 적실성이 너무나 협애하고 제한적일 수밖에 없다. 그리하여 필자는 종래의 사회사상사 강의를 대폭 수정하여 그 제목도 '사회사상'으로 고치고 현대 우리 사회에 현실적 영향을 미치고 있는 동서고금의 '생각의 덩어리'들을 추적하는 것으로 강의의 방향을 잡아왔다.

올해 초 몇몇 지인과 제자들의 권유로 이러한 강의 내용을 일반 시민을 위한 교양강좌로 공개하게 되었다. 대학 강의의 전문적인 용어를 최소화하면서 주제도 10주에 한정되는 중요 사상들로 선정하여, '삶은 생각이다'라는 타이틀로 2013년 5월 1일부터 10주간 강의를 진행했다. 이 교양강좌의 내용을 녹취하여 정리한 것이 이 책의 내용이다.

우리는 이 책이 오늘날 한국사회의 사상적 혼란을 일별하기에는 너무나 작고 부족하다는 것을 잘 안다. 그럼에도 우리 사회의 이념적 갈등이나 가치 혼란은, 각 개인과 집단이 금과옥조로 믿고 있는 이념이나 사상이 원래의 뜻과 상충하기까지하는 '잘못된 인식'과 '울타리 속에 갇힌 생각'에서 크게 비롯되고 있는 것이다. 이러한 사실을 어떤 방식으로든 알려야 한다는 조바심에서 감히 이 책을 상재한다. 우연한 기회에 이 책을 접한 독자들이 그 내용의 일부분에서라도 공감할 수 있게 된다면 우리의 조바심은 더할 수 없는 보람으로 승화될 수 있을 것이다. 물론, 설익은 내용이나 매끄럽지 못한 표현 등으로 인한 독자들의 따가운 비판은 모두 필자의 당연한 몫이다.

많은 사람들이 이 조그만 책자를 내는데 도움을 주었다. 먼저, 어눌한 강의를 끝까지 경청해준 수강생들의 인내와 ‘대안사회를 위한 일상생활연구소’ 회원들의 변함없는 기대와 후원에 감사드린다. 특히 ‘삶은 생각이다’라는 타이틀의 강좌를 기획하고 진행을 맡아준 ‘생활기획공간 통’의 송교성 회원, 첫 시간부터 마지막 주까지 노트북 및 녹음기와 씨름하며 성실하게 강의를 녹취, 정리해준 박미연 선생, 강좌의 기획에서부터 녹취된 강의내용을 꼼꼼하게 고치고 가다듬어 이처럼 소담한 형태의 책자로 세상의 빛을 보게 해준 호밀밭출판사 대표 장현정 회원에게 깊은 고마움의 뜻을 표한다.

초겨울의 달음산자락
원당마을에서 박재환 씀

社會思想

새로운 생각과 상상은 원칙적으로
온' 합니다. 새로운 생각은 작게는
의 일상을 바꿉니다. 혁명적 사고는
의 사회에서 새로운 꿈을 꾸는 새로운
각에서 나옵니다. 이러한 새로운 생각
역사의 물꼬를 바꾸고, 사회를 바꾸고,
아가 세상을 바꾸게 되는 것입니다.
한 새로운 생각의 역사적 흐름을 다음
부터 좀 더 구체적으로 함께 살펴보도
하겠습니다.

1/ 왜 사회사상인가?

사회사상이란 무엇인가?
'내 속엔 내가 너무도 많아'
삶은 생각에서 시작하고 생각에서 끝난다
생활 속의 생각, 생각 속에 갇힌 삶
삶의 과정 속에서 우리의 생각은 바뀌어 간다
사회사상, 그 함의(含意)는 무엇인가?
사상의 구성과 변용, 그 수용과 이해관계
역사 변동과 사회사상

1/

왜 사회사상인가?

본격적인 얘기를 나누기 전에 먼저 눈을 한 번 감고 가만히 오늘 하루 있었던 일에 대해 생각해보면 어떨까 합니다. 무엇을 하든, 앞선 시간과 구분하고 다음으로 넘어가기 위한 약간의 시간이 필요한 법이지요. 대나무가 더 자라기 위해 비어있는 마디를 필요로 하는 것처럼 말입니다. 이런 잠깐의 '멈추고 되돌아 봄'은 제가 정년퇴임하기 전까지 학생들을 강의에 집중시키기 위해 사용했던 나름의 전략이기도 하죠. 굉장히 효과가 있더군요. 매일매일 모두들 바쁘게 살아가고 있겠지만 잠시만 짬을 내서 눈을 감고 가만히 자신을 돌아보는 일은 아주 중요한 일이라고 생각합니다. 요즘 모두들 생각들이 참 많은데, 이런 시간을 통해 불필요한 생각들을 버리면 마음이 참 편안해지기도 합니다. 일타 스님(1929~1999)은『생활 속의 기도법』■라는 책에서 '하루를 압축한다면 자기 전 5분이다'라고 말했습니다. 그만큼 잠시 하던 일을 멈추고 자신을 되돌아보는 일의 중요성을 강조한 것이지요. 여러분도 이를 일상화시켜 보세요. 마음이 편안해집니다. 모든 게 마음이 편안해지기 위해 하는 것이니까요. 앞으로 우리들이 살펴볼 사회사상 역시 종국에는 우리들의 마음을 편안하게 하기 위해 필요한 것 아닐까 생각해봅니다.

■『생활 속의 기도법』, 일타 스님, 효림, 1996

사회사상이란 무엇인가?

‘우리’ 중심의 사회사상

본격적으로 얘기를 좀 나눠보기로 하죠.

여러분은 ‘사회사상’이 뭐라고 생각하세요? 좀 어렵게 느껴지죠? 실제로 어렵지 않은데, 또 어렵지 않아야 하는데 학교에서는 어렵게 가르치고 어렵게 배우고 있는 것 같아요. 저는 사회사상사 강의를 1964년에 존경하는 황성모 교수(黃性模, 1926~1992)께 처음 듣고 관심을 갖게 되었습니다. 지금은 돌아가신 황성모 교수는『현대사회사상사』■라는 책을 우리나라에서 최초로 쓰셨는데 그 전에는 딱히 텍스트가 없었어요. 사회사상도 대부분이 서양의 사회사상에 관한 책이었죠. 저도 상당기간 동안 주로 서양 중심의 사회사상을 강의했습니다. 그러나 사회사상의 역사도 우리 관점으로 봐야겠다는 생각이 들었습니다.

우리에게는 ‘단기(檀紀)’라는 게 있었어요. 하지만 세계화가 가속되고 서양의 기준으로 많은 것이 맞춰지면서 없어졌죠. 주체사상을 강조하던 북한도 단기를 없앴어요. ‘단군은 역사의 실존 인물’이라고 주장하면서도 말이죠. 그런가하면, 일본은 소화(昭和, 일본의 년도 계산법)를 거쳐 현재는 평성(平成)이라는 자기 고유의 연호를 그대로 쓰고 있지요. 좀 뜬금없겠지만 이런 얘기를 꺼낸 이유는, 모든 생각의 가장 밑바탕에는 ‘시공간’이 있기 때문입니다. 여기서 다 출발하지요. 공간적 측면에서 우리나라를 ‘극동’이라고 합니다. 또 사우디아라비아를 ‘중동’이라고 하죠. 하지만 이런 공간 개념 역시 우리 관점이 아

■『현대사회사상사』, 황성모, 민조사, 1964

닌 서양의 관점입니다. 우리를 중심으로 보면 사우디아라비아는 동쪽이 아니라 서쪽에 있죠. 이렇듯 서양의 시공간 개념을 아무런 비판 없이 받아들였던 거예요. 이런 것을 보면 자기 관점에서 본다는 것이 참 어렵다는 것을 알 수 있습니다. 우리 관점만을 주장하자는 얘기가 아닙니다. 다만 우리에게 영향을 끼치고 우리의 정신을 구성하는 생각들이 무엇인지, 우리 관점을 중심으로 다시금 살펴보자는 것이죠. 그렇게 본다면 굳이 그리스에서 시작할 이유가 없고, 서양의 근대 사상을 핵심이라고 생각할 이유도 없어집니다.

우리나라 학문이 대학 중심으로 이루어진다고 할 수 있는데, 대부분의 교수들이 외국에서 공부를 하고 돌아와 대개의 사상과 생각의 관점이 자신도 모르게 서양 중심이 되어버린 측면이 있습니다. 우리는 광복 이후 미국을 통해 서양 문물을 받아들였죠. 일본은 다르지만요. 우리는 미국을 '아름다운 나라[美國]'로 보지만 일본은 '쌀 많은 나라[米國]'로 봅니다. 이렇듯 한 가지를 보더라도 어떻게 보느냐에 따라 많은 것이 달라지게 마련이죠. 우리가 가지고 있는 고정관념과 선입견을 깨는 자유로운 탐색이 필요합니다. 우리의 관점에서 우리의 것을 먼저 바라보고 정리해서 남의 것(서양 문물)을 바라보는 작업이 필요합니다. 우리의 관점에서 바라보고 사회사상의 뿌리를 찾아보자는 것이 제가 앞으로 여러분과 나눌 얘기의 주 내용이 될 것입니다.

'내 속엔 내가 너무도 많아'

어떤 노래의 가사처럼, 정말로 내 속에는 내가 너무 많고 복잡합니다. 이때 '내'라는 것은 한 개인일 수도 있고 국가일 수도 있습니다. 현대 한국사회를 '아노미(Anomie, 무규범상태)'라고도 합니다. 이것은 규범이 없다는 것이 아니라 오히려 너무나 다양하고 수많은 규범이 존재하는 가운데 중심 되는 규범이 없다는 뜻으로 받아들여야 합니다. 내 속에 한국사회의 너무나 많은 가치관과 규범들이 함께 공존하고 있어서 헷갈리는 것이지요. 너무 많은 것은 없는 것과 같습니다. 마치 백가쟁명처럼 서로 옳다고 주장하는 것과 같은 것이에요.

같은 상황을 두고도 생각의 차이를 보여주는 경우를 예로 들어볼까요?

2002년 노무현(盧武鉉, 1946~2009) 전 대통령이 당선됐을 때 친구와 함께 술을 마시고 있었는데, 그 술집에서 한 노인이 한 젊은이의 멱살을 잡는 것을 보았습니다. 당시 젊은이들은 신나했지만 노인들은 요즘 시쳇말로 '멘붕'이 되었죠. 하지만 지난 해 대통령 선거에서는 또 그 반대였어요. 젊은이들이 '멘붕'이 되어 '한국을 떠나고 싶다'느니 '대중교통에서 노약자석을 없애야한다'느니 세대 간 갈등이 심각해졌죠.

가족 안에서도 생각의 차이가 있을 수 있습니다. 시위 현장에서 아버지는 시위대를 막고 아들은 돌을 던지며 시위하는 식의 모순이 우리 현대사에서는 종종 일어났습니다. 진보정당 안에서도 북한과 미국을 바라보는 시각의 차이가 있습니다. '숭미주의자' (요즘은 이런 말을 잘 안 쓰지만), 혹은 '종북주의자'로 서로를 규정하며 싸우는 것을 볼 수 있습니다. 이것은 한국 사회를 바라보는 극단적인 생각 차이라 할 수 있습니다.

그렇다면 이런 사회갈등의 원인은 무엇일까요? 단도직입적으로 말하면 대개의 사회갈등은 두 가지 원인 때문에 일어납니다. 하나는 이익이고, 다른 하나는 가치관의 차이죠. 희소가치에 대한 제로섬 싸움, '분배의 몫' 때문에 많은 갈등이 일어납니다. 무엇이든 충분하면 싸우지 않습니다. 하지만 대부분은 충분치 못하죠. 또 충분치 못하다고 생각하고요. 이때 '희소가치'에 대한 분배 문제, 즉 이익충돌 때문에 싸우게 되는 게 첫 번째입니다.

두 번째는 가치관의 차이, 즉 생각의 차이 때문에 갈등이 일어납니다. 남북문제에 대한 생각, 대통령 선거에 대한 생각 등등. '며느리가 미우면 발등이 계란 같다며 시어머니가 짜증을 낸다'는 말이 있듯이 어떤 사람이 잘못해서 미워한다기보다는 거꾸로 미워하기 때문에 잘못으로 보이는 법이 더 많은 거죠. 한 사물이나 현상을 바라보는 생각의 차이, 여기서 비롯된 갈등이 또한 참 많습니다.

결혼과 동성애의 사례를 한 번 들어볼까요? 요즘 '3포 세대'(취업, 결혼, 출산 세 가지를 포기한 세대)라는 말이 유행하죠? 옛날에는 결혼이 반드시 해야 되는 것이었는데, 요즘은 참 하기 힘들어요. 그렇죠? 경제적인 문제도 있지만 결혼에 대한 생각도 '꼭 해야 된다'에서 '안 해도 된다'는 식으로 바뀌고 있는 것 같아요. '동성애'에 대한 생각들도 많이 바뀌고 있습니다. 최근 '동성애'를 넘어 '동성혼'이 세계적으로 합법화되는 추세인데, 프랑스 의회도 지난 4월 23일 동성혼을 합법화하는 법안을 통과시킨 바 있지요. 이로써 프랑스는 캐나다, 덴마크, 스웨덴, 뉴질랜드, 우루과이 등 전 세계에서 동성결혼을 허용한 14번째 국가가 되었는데 이 법이 통과될 당시 여기저기서 반대 시위가 격렬하게 일어났어요. 우리나라에서도 여론조사를 해봤는데, 과반수가 반대하더군요. 같은 세계 안에 사는데도 참 생각이 다르죠. 여러 현상들에 대한 많은 생각과 가치관들 사이에서 어떤 게 맞는 건지, 어떤 것을 따라가야 할지 모릅니다. 여기 가면 여기에 흔들리고 저기 가면 저기에 흔들리죠. 바로 아노미입니다. 현재 우리의 모습입니다.

삶은 생각에서 시작하고 생각에서 끝난다
인간이 다른 동물과 구별되는 점

'인간은 빵만으로 살수 없다'는 이야기를 많이 하죠. 사람은 의미를 추구하는 존재이기 때문이에요. 노무현 전 대통령이 왜 자살을 했을까요? 배고파서? 당연히 아니지요. 우리는 언제부터인가 많은 것에 무감각해진 것 같아요. 죽음, 자살 등에도 말이죠. 왜 죽느냐? 삶의 의미, 즉 더 살아야 할 이유를 못 찾기 때문입니다.

전문직 직종이 모여 사는 강남 대치동의 아이들은 초등학교 때부터 보통 학원을 6군데 다닌다고 합니다. 돈도 많고 학벌도 높은 부모들이 아이들을 몰아치는 거죠. 결국 아이들은 견디다 못해 자살을 합니다. 흔히 인생의 주기에서 사춘기 후반으로 들어가면 '자아정체감 위기'가 생기는데 이 때 죽으려는 생각을 많이 한다고 합니다. 철학자 칼라일(T. Carlyle, 1795~1881)이 말하기를 '죽을 때 인생을 다 아는 것처럼 죽지 마라'고 했는데, 그럼 아이들은 인생을 다 아는 것도 아닌데 왜 죽을까요? 역시 삶의 의미를 못 느끼기 때문입니다. 사람은 살아야 될 이유를 알아야만 삽니다. 빵만으로는 살 수 없어요. 절대적 빈곤이 문제가 될 때 마르크스(K. Marx, 1818~1883)의 명제는 성립되지만 지금은 아닙니다. 고답적이 아니더라도 인간은 살아야 될 이유를 알아야 하는 거예요. 생각으로 살고, 생각으로 의미를 부여 받는 것입니다.

인간은 인간으로 태어났다고 다 인간이 되는 것이 아닙니다. 인간은 사회화(socialization) 과정을 통해 사회 속에서 인간으로 성장이 됩니다. 사회 안에서 통용되는 생각과 행동양식, 이것을 '문화'라 하는데 이러한 문화(공통된 살아가는 양식)를 습득해야 합니다. 이러한 사회화, 성장과정이 매우 중요하죠. 불가에 '일체유심조(一切唯心造)' 란 말이 있습니다. 모든 것은 마음에서 비롯된다, 만들어 진다는 뜻입니다. 하지만 요즘은 거꾸로 가는 것 같습니다. '나는 생각한다, 고로 존재한다.' 는 유명한 말을 남긴 데카르트(R. Descartes, 1596~1650)도 처음엔 경험론에서 출발했습니다. 그는, 모든 것을 인식하게 되는 배경은 '경험' 이며 진정한 경험만이 참된 진실이며 진리, 라고 했습니다. 이러한 경험론은 당시 모든 종교와 사상에서도 팽배해있었습니다. 하지만 의문이 생깁니다. 예외적인 상황도 있지 않을까요? '착각' 을 할 수도 있고 시력의 차이로 인해 누구는 보고, 또 누구는 보지 못하는 상황이 있을 수도 있습니다. 그러면 이러한 경험이 정확한 진실이자 절대적 진리라고 할 수 있을까요? 좀 더 확실한 근거, 의심할 수 없는 경험이 필요했습니다. 데카르트는 많은 고민과 추론 끝에 이러한 결론을 내렸습니다.

'아 내가 이렇게 생각하는 것, 논리를 추론하고 의심하는 것만큼은 절대로 부정할 수 없는 진리이구나!' 그래서, '나는 생각한다. 고로 존재한다.' 는 대명제를 세우게 된 거죠.

한편, 파스칼(B. Pascal, 1623~1662)도 '사람은 생각하는 갈대' 라 했습니다. 인간은 왜 생각하는 갈대일까요? 왜 흔들릴까요? 흔들리는 것의 바닥은 무엇일까요? 인간은 생각하다가 흔들립니다. 생각이 바뀌기도 합니다. 물론 이것을 정확히 분석하려면 심리학의 힘을 빌어야 되겠지만, 우리는 좀 다르게 접근해봅시다.

인간의 생각의 바탕에는 그 사회의 '문화' 가 있습니다. 내 속에 내가 너무 많은데, 내 생각이 오롯이 내 생각이 아닐 경우가 많습니다.

내 생각인 줄 알았는데, 알고 보니 너의 생각이고, 또 그들 생각이고... 이러한 생각들이 돌고 돌아 내 속에 들어온 거죠. '사회화' 된다는 것은 교육학적으로 보면 '기존의 것들이 주입된다' 는 뜻입니다. 일반적으로 사회화란, '생각' 이 사회화되는 것을 말합니다. 우리는 어렸을 때부터 스스로 생각해서 행동하는 것이 아니라 부모님의 말씀에 의해 생각하고 행동하게 됩니다. 부모님이 사회화의 주 대행자가 되는 것입니다. 내가 태어나서 한 번도 간섭하거나 관여하지 않고 선택하지 않은 것들도 이러한 과정을 거치며 나를 형성(지배)하게 됩니다. 사고(판단)방식과 행동양식, 입맛, 취향, 심한 경우엔 감정까지도... 그래서 문화는 '이데올로기' 라고 볼 수 있습니다. 이러한 과정으로 인해 기존문화가 나도 모르는 사이 아주 깊숙이 배어듭니다. 따라서 기존 문화에 대해 자유로운 사람은 극히 드뭅니다. 여기서 벗어나려 해도 완전히 벗어날 수 없습니다. 뿌리가 깊어 잠시 벗어났다 싶어도 다시 돌아오는 경우가 많습니다. 이것이 기존문화의 관성, 힘이지요. 모든 사회운동은 이러한 기존 문화의 관성과 힘을 간과해서는 안 됩니다. 기존의 많은 사회 운동들이 실패했던 이유는 이러한 기존 문화를 너무 가볍게 여겼기 때문입니다. 이것을 무시해선 안 됩니다. 우리가 살고 있는 이 땅이, 공기가 우리의 문화입니다. 우리는 이것을 잘 살펴봐야 합니다.

1991년 소비에트가 해체된 이후, 저는 제자들과의 술자리에서 '이제부터는 문화가 중요해질 것이다' 라고 이야기한 적이 있습니다. 하지만 대부분 '문화' 라는 단어에 대해 낯설어했죠. 그때까지만 해도 '노동' 이나 '계급' 을 주로 이야기했었거든요. 하지만 마르크스주의 이론을 중심으로 활동하던 서울의 운동권들도 소련이 붕괴되자 설득력을 잃어버리기 시작했어요. 이때 '문화과학' 이란 이론지도 창간되었습니다. 하지만 이 과정에서 왜곡된 이야기들이 많았어요. '문화'를 들먹이면 앞뒤 없이 부르주아 취급을 하며 비판적으로 보는 시각이 많았죠. 마르크스조차 '나는 마르크스이지, 마르크스주의자가 아니다' 라고 할 정도로 서구에서도 왜곡된 관념들이 많았습니다. 레닌(V. Lenin, 1870~1924)조차 부르주아와 프롤레타리아 문화라는 것이 따로 없다고 했는데 말이죠. 이런 흐름은 물론 요즘에 와서는 많이 변했습니다. 특히 저는 그 중에서도 짐멜(G. Simmel, 1858~1918)의 이론을 잘 살펴볼 필요가 있다고 봅니다. 김덕영 교수(1958~)의 노고로 많은 책이 번역되어있지요. 짐멜은 막스 베버(M. Weber, 1864~1920)와 쌍벽을 이뤘던 사상가인데 오히려 베버보다 더 뛰어나다는 평가를 받고 있기도 하죠. 그는 '문화란 영혼(인간)이 자기 자신에게 돌아가는 길이다(방편이다)' 라고 굉장히 재밌는 표현을 했어요. 때문에 독일의 엄격한 사회 분위기 속에서는 강단에 서지 못합니다. 당시 대부분의 서구 사회는 '실증주의' 에 심취해 있었지요. 보이는 것과 증명되는 것만 믿고 그렇지 않은 것은 믿지 않는다는 것이에요. 그것은 성숙하지 못한 방법이었습니다. 모든 나라가 실증주의 콤플렉스, 실증주의 오류에 빠져있었습니다. 우리나라도 마찬가지였고요.

또한 짐멜은 문화를 두 가지로 나눈 바 있습니다. 하나는 객관문화로 문화적 유산, 언어, 제도, 가치관 등이죠. 우리는 이러한 객관문화 속에서 성장하고, 그것을 통해 나를 찾아가고 어른이 된다고 주장했습니다. 즉, '인간은 문화적 동물이다 - 기존사회, 기존문화의 자원을 통해 나를 찾아간다' 는 것이죠. '나는 나' 라는 의식을 키워주는 토양이 바로 '문화' 라는 것입니다. 인간은 인간의 문화 속에서 살아야 인간이라고 할 수 있습니다. 우리의 모든 생각의 바탕에는 문화가 있는 셈입니다.

생활 속의 생각, 생각 속에 갇힌 삶

인간의 생각은 삶의 조건에 의해 형성되고 변화됩니다. 20세기의 대표적인 학자, 프로이트(S. Freud, 1856~1939)는 인간심리를 설명하며 '수퍼에고(super ego)' 라는 개념을 씁니다. 인간에게는 욕망이 있는데 이는 성적 욕망 뿐 아니라 '생에 대한 욕망' 까지 포함하는 것입니다. 욕구와 욕망은 다른 것인데, 욕구는 대개 결핍으로부터 나타나는 것으로 무언가를 필요로 한다는 의미에 가깝습니다. 하지만 여기에 상상력이 결합되면 욕망이 되지요. 이러한 욕망을 억압하는 것이 바로 '수퍼에고' 라는 것인데 우리가 무엇을 하려고 하면 '하면 안 돼!' 하며 억압하는 기제입니다. 그럼 이 '수퍼에고' 는 어디에서 나오겠습니까? 기존의 문화, 사회의 규범과 체계의 영향을 많이 받겠죠. 프로이트는 이러한 우리의 행동 양식(ego)을 억압(super ego)하는 정도에 따라 '자아정체감(personality)' 이 다르게 형성된다고 봅니다. 'personality' 란 다른 사람과 구별되는 '그 사람다움' 입니다. 흔히 가면을 쓴다고 하죠. 우리는 사회생활을 하며 어느 상황, 장소에 있는지에 따라 조금씩 달라집니다. 이러한 다양한 활동을 통해 형성된 나의 꼴, 사고방식과 행동양식 등에 대한 총체적인 개념이 'personality' 인데 프로이트는 이것이 유아기(6~7세 이전)때 형성된다는 '유아결정론' 을 주장했어요. 이런 점에서 프로이트는 '유물론적' 이라는 평가를 받으며 마르크스와 비교되기도 했지요. 마르크스가 체제 전체에서 유물론(materialism)을 규정하였다면 프로이트는 개인의 내면적 관점에서 유물론을 규정한 셈입니다. 아무튼 우리 속담으로 표현하자면 '세살 버릇 여든 간다' 는 것이 프로이트의 입장이었죠.

그런데, '인간의 자아정체감은 유아기때 이미 다 결정된다' 고 하면 어떤가요? 좀 허무하지 않나요? 모든 게 유아기때 결정된다면 너무 재미없지 않나요? 우리는 보통 대학 입학기때 가치관과 생각의 혁명이 일어납니다. 프로이트를 비판한 에릭슨(E. Erikson, 1902~1994)의 심리사회적 8단계 이론에서 보면 5단계와 6단계 초기, 즉, 성인전기(10대 후반에서 20대 초기) 시기라 할 수 있죠. 그런데 한 가지 안타까운 점은 1970년대 학번 때에는 이러한 현상이 당연했지만, 요즘 세대는 그렇지 않은 것 같아요. 너무 바빠서 '젊음의 병'을 앓을 시간이 없지요. 이러면 늦바람이 날 가능성이 많은데 걱정입니다. 젊을 때는 젊음의 병을 앓아야 합니다. 예방주사 같은 것이에요. 실컷 연애도 하고 방황도 하고 헤매고 다녀야 합니다. 이 시기에 앓지 않으면 나중에 큰 대가를 치러야 할 지 몰라요. 결론은 이렇듯 에릭슨의 심리사회적 8단계로 보면 5단계 이후에도 여러 단계가 남았으니, 아직 모든 게 결정된 게 아니라는 겁니다. 우리 모두 희망을 가질 수 있는 거예요.

삶의 과정 속에서 우리의 생각은 바뀌어 간다

'슬하의 자식'이라는 말이 있습니다. '슬하(膝下)'란, '무릎 안(밑)의 자식', 즉 '말을 잘 들을 때의 자식'이라는 뜻입니다. 아이들은 자라서 학교에 가게 되고, 친구들을 사귀게 되면서 새로운 집단, 즉 소속집단이 생기게 됩니다. 이때부터 말을 안 듣기 시작합니다. 부모님과의 대화가 줄어들고 또래집단과 많은 시간을 함께 하며 그들만의 문화, 놀이, 언어를 중시하게 됩니다. 우리는 자라면서 이러한 소속집단을 여러 번 거치면서 생각이 형성되지요. 우리 인생은 '소속집단의 변경 과정'입니다.

이와 관련하여 준거집단이라는 개념이 있습니다. '준거집단' 이란 자기 행위의 기준이 되는 집단을 말하는데, 보통 사람들은 소속집단(하위집단)과 준거집단이 일치합니다. 하지만 이것이 일치하지 않는 사람들이 있습니다. 이러한 사람을 '경계인, 혹은 한계인(marginal man)'이라고 하는데, 알기 쉽게 말하면 '겉 돌이'란 뜻입니다. 별로 좋지는 않죠. 본인도 힘들고요(웃음). 하지만 이러한 일탈자가 그 사회의 윤활유가 되는 경우가 있습니다. 사회가 멈추지 않고 계속 돌아가게 하는 거죠. 이런 사람들 때문에 사회가 썩지 않을 수 있는 거예요. 긍정적인 역할을 하는 것이죠.

그럼, 삶의 과정 속에서 우리의 생각은 어떻게 바뀌어 갈까요? 푸시킨(A. Pushkin, 1799~1837)은 '삶이 그대를 속일지라도' 라고 했죠. '그대를 속인다'는 것이 어떤 의미일까요? 그것은 나의 꿈과 희망이 삶의 과정 속에서 사라져가고 있다는 뜻일 겁니다. 나의 생각이 바뀌고, 따라서 꿈도 바뀌고 있다는 것이지요.

이러한 사실을 설명하기 위해 제가 자주 인용하는 글자가 있습니다. '수(囚)'라는 글자입니다. 감옥 안에 사람이 갇혀있는 꼴이죠. 하지만 그 굴레를 벗기면 사람[人]이 됩니다. 사람은 벗어나야 자유롭습니다. 하지만 대부분 갇혀있어요. 어릴 때의 기억, 아버지, 어머니, 옛 애인에 대한 추억 등등에 갇혀있습니다. 기성관념, 지배적 문화, 지배적 이데올로기, 집단 이데올로기, 가족 이데올로기에 갇혀있습니다. 그러한 벽을 깨고 나와야 우리는 갇힌 노예가 아닌 온전한 사람으로 우뚝설 수 있고 자유로운 존재로 완성 됩니다.

사회사상, 그 함의(含意)는 무엇인가?

'사회사상'의 종류와 의미는 크게 세 가지 범주로 나누어 볼 수 있습니다.

첫째, '협의의 사회사상'으로 정치경제에서 말하는 거대담론 사상을 말합니다. 흔히 알고 있는 자유주의, 자본주의, 사회주의, 공산주의, 민족주의 등과 같은 것을 예로 들 수 있겠죠.

둘째, '사회구성과 변동'에 대한 사상입니다. 사회관계나 사회불평등(신분제도, 계급제도 등)에 관한 생각 혹은 사회구성이나 사회의 기본적인 기능(생산, 종교, 군사 등)에 관한 사상을 말합니다. 사회는 기본적으로 어떻게 구성이 되어있고 어떤 기능들을 하는지, 또 이러한 것들이 어떻게 바뀌어 가는지, 나아가 어떻게 바뀌어 가야 적당할지에 대해 고민하고 연구하는 것입니다. 프랑스가 낳은 최고의 석학인 뒤메질(G. Dumezil, 1898~ 1986)은 '사회의 기본적인 기능과 구성'에 대해 '어느 사회든지 기본적인 기능을 하는 3가지 집단이 있다'고 하였습니다. 하나는 하늘에 제사를 지내는 '사제집단'이고, 다른 하나는 그 공동체를 유지하기 위한 '생산집단'이고, 나머지 하나는 사회를 외부의 침략에서 막아내기 위한 '군사집단'이라는 것이죠. 그는 어느 사회든 이 3가지 집단은 기본적으로 있고, 그것에 대한 비중은 사회마다 다르다고 했습니다. 사회마다 환경과 상황이 다르고 사회의 구성과 불평등에 대한 생각이 다르니까요.

우리나라는 고려와 조선시대 때 '사농공상(士農工商)'이라 하여 직업을 기준으로 신분계급을 나눴는데, 선비가 제일 위고 농사를 짓는 농민이 그 다음이며 '공'과 '상'은 천시되었습니다. 이것은 '농자천하지대본(農者天下之大本)', 즉 '농업은 천하의 사람들이 살아가는 근본' 이라는 말처럼 농업을 중히 여기는 당대의 시대상을 말해주는 것입니다. 하지만 박정희 시대에 들어서면 '산업' 이 중심이 되면서 사회구성과 구조도 많이 바뀌죠.

사회구성과 변동에 대한 사상에서는 '엘리트의 역할' 과 '사회 변동의 원리' 에 대해 설명하기도 합니다. '소규모의 토속사회에서는 항상 엘리트들이 언제든지 희생됐다' 는 말이 있습니다. 원시 토속사회인 아메리칸 인디언들의 경우, 추장은 언제든지 창을 들고 제일 앞에 서서 사냥을 하고 적을 물리칩니다. 그리고 수확물을 나눌 때는 가장 뒤에 나타납니다. 이때는 사회적 불평등도, 신분적 높낮이도 없습니다. 마르크스에 의하면 '신분적 계급제도' 가 나타나는 시기는, 공동체가 먹고 남은 잉여생산물이 누적되어갈 때입니다. 이를 힘 있는 자들이 더 많이 가지려하고 누리기 시작하면서 신분과 계급이 생기고 사회적 불평등이 발생되는 것이지요. 이것이 하나의 법칙, 원리라는 말이기도 합니다. 우리나라를 한 번 볼까요? 소위 엘리트라고 불리는 높은 지위에 있는 사람들의 도덕적 수준이 어때요? 굉장히 낮죠? 잘못을 하고도 뉘우치기는커녕 오히려 더 당당합니다. 안타까운 일이죠. 이렇듯 사회 변화의 원리와 엘리트의 역할은 중요합니다. 이러한 것에 대해서도 관심을 가지고 설명하고자 하는 것이 사회구성과 변동에 대한 사상인 것입니다.

셋째, 좀 더 포괄적인 의미로, 개인의 특수한 생각을 넘어 사회적 영향을 갖는 사상이 있습니다. 특정 지역의 지배적인 전통적 생각이나 사조, 특정 집단의 특수 문화로서의 사회사상, 새로이 잉태되는 반문화적 사고 등이 여기에 속한다고 볼 수 있습니다. 특정지역이나 집단의 특수 문화는 '하위문화' 라고도 하는데, 이것은 경상도만의 특수한 문화, 또는 전라도만의 특수한 문화를 예로 들 수 있겠죠. 또한 종교 안에서 각 분파가 있는 것도 같은 맥락이라 볼 수 있겠죠. 그럼 '새로이 잉태되는 반(反)문화적 사고'라는 것은 무슨 뜻일까요? 우리에겐 '문화의 창고'라는 것이 있습니다. 문화를 쌓아두는 일종의 창고 같은 역할을 하는 곳이죠. 하지만 그것을 다 쓰지 않아요. 한국 사회에도 문화가 굉장히 많은데 일상생활에서 다 사용하지 않아요. 이렇게 표면적으로 드러내지 않고 남겨 둔 것을 '잔여문화'라고 하는데 이것은 '온고지신(溫故知新)'처럼 리메이크해서 다시 사용할 수 있습니다. 잔여문화는 새로운 문화를 만들어 내는데 중요한 자원이 되는 것이지요.

사상의 구성과 변용, 그 수용과 이해관계

사상은 어떻게 해서 새롭게 구성되고 왜 바뀌고 재생산되는 걸까요? 기존의 문화에서 재생산되고 재해석되는 겁니다. 예로 성서를 계속해서 새롭게 해석하는 것을 들 수 있죠. 르네상스가 일어나 종교개혁이 있을 때 가톨릭에서 지배적 지위를 누렸던 기존 세력들에 의해 런던대학, 옥스퍼드 대학의 수많은 신학자들이 파문당하고 화형당합니다. 이러한 지식인들이 있었기 때문에 '프로테스탄트(protestant, 항의하다)'가 새롭게 등장하는 겁니다. 이것은 '성경의 말씀을 사제를 거치지 않고 직접 대화하겠다'는 뜻입니다. 그래서 성서를 시대와 사회 상황에 따라 끊임없이 새롭게 해석했던 것입니다. 문화에 대한 새로운 해석, 즉 새로운 각도로 보는 것은 새로운 사상을 일으키는 바탕이 됩니다.

그럼, 왜 어떤 사상은 특정 집단이 지지하는 걸까요?

미술 집단을 예로 들어보겠습니다. 미술에도 '**파', '**파' 등 다양한 '집단', '파'가 있어요. 각 집단마다 좋아하는 사조가 있습니다. 왜 그럴까요? 아름다움으로 가는데 있어 표현하는 방식이 다른 것입니다. 어떤 파는 있는 그대로를 사진처럼 그리는 것이 더 사실적이고 아름답다고 보는 반면, 또 어떤 집단은 빛의 양과 각도에 따라 다르게 그리는 것이 더 사실적이며 아름답다고 보는 것이죠. 무엇이 더 '리얼리티(reality)'에 가까우며 아름다운가에 대한 개념과 방식이 다른 것입니다.

또한 일상생활에서도 어떤 것을 표현하는데 있어 꼭 말로 하지 않아도 되는 경우가 있습니다. 부모님이 자식에게 매일매일 "아들아 너를 사랑한다"고 해야지만 사랑이 표현되는 것은 아닙니다. 말이 너무 구체적으로 많으면 감동이 없고, 참된 사랑은 오히려 표현하지 않는 것이라고 생각하며 여기에 동조하는 사람이 있을 수 있습니다. 따라서 기존의 사조(思潮)를 재현시키는데(representation) 있어서 기존의 방법은 왕도가 아니라고 하는 것이 문화의 재생산과 재해석을 가능케 합니다,. 그리고 이러한 재해석을 둘러싸고, 각기 다른 지지층이 형성되면서 새로운 문화가 탄생되게 되는 것입니다.

종북 좌파라 불리는 사람들과 그 반대편인 자유총연맹의 사람들은 도대체 어떤 이들일까요? 그들 모두 내면 깊숙한 곳에서는 보이지 않는 '이해관계(interest)'를 가지고 있어요. '이해관계'와 사상은 내면 깊숙한 곳에서 만나게 마련이지요. "나는 아무런 사심 없이 이 사상을 주장한다."는 말은 거짓입니다. 파레토(V. Pareto, 1848~1923)는 '모든 도덕군자에게는 자신의 감정적 기초가 깔려있다'고 했습니다. '보편타당하다'는 말은 그렇게 말하는 사람의 입장에서 그럴 뿐이기에 결국에는 '특수하다'는 말과 같다는 것입니다.

역사 변동과 사회사상

사상의 역사 변동은 물적 토대의 변화에만 있는 것이 아니고, 언제나 새로운 사상의 등장에 의해서 그 진행방향이 달라졌습니다. 유형문화재를 예로 들어 보겠습니다. 신라의 탑과 백제의 탑을 한 번 봅시다. 같은 탑이지만 두 나라의 탑 모양은 참 다르죠? 신라의 탑은 때로는 굉장히 당당하고 도발적이기까지 한 경우가 많은 데 반해 백제의 탑은 보다 여성적이고 그 안에는 눈물이 있습니다. 탑의 모양은 이것을 만드는 장인의 생각에 의해 결정됩니다. 두 나라의 탑이 다른 이유는 이것을 만드는 각 나라의 문화와 그 속의 장인의 생각이 달랐기 때문입니다.

'다르게 생각한다'는 것은 무엇일까요? 이것은 때로 엄청난 함의를 갖습니다.

새로운 생각과 상상은 원칙적으로 '불온'합니다. 새로운 생각은 작게는 개인의 일상을 바꿉니다. 혁명적 사고는 기존의 사회에서 새로운 꿈을 꾸는 새로운 생각에서 나옵니다. 이러한 새로운 생각이 역사의 물꼬를 바꾸고, 사회를 바꾸고, 나아가 세상을 바꾸게 되는 것입니다. 이러한 새로운 생각의 역사적 흐름을 다음 장부터 좀 더 구체적으로 함께 살펴보도록 하겠습니다.

社會思想

한국인의 전통적 사고방식은 오랜 역
를 통해서 한국인의 기층의식으로 현실
삶에 유형, 무형으로 작용해왔습니다.
러한 전통의식은 한반도의 개국신화와
속적 신앙, 자연숭배사상, 외래종교 등
한국인들의 역사적 경험과 긴밀하게 상
작용하여 구성됩니다. 이른바 원시신앙
로서의 신화적 사고와 정령(精靈)사상
은 다른 원시사회에서도 유사한 형태
발견되지만 그 구체적 내용에서 한국
유의 특성이 발현되는 것이죠.

2/한국인의 전통신앙과 사고방식

단군신화와 한국인의 사고 원형

자연종교와 토속신앙

한국의 불교

생활윤리로서의 유교사상

한국인의 전통적 사고방식

2/

한국인의 전통신앙과 사고방식

우리가 사회사상을 공부하는 이유는 우리의 발목을 잡고 있으면서도 한편으로는 우리의 자원이기도 한 '전통적 사고방식'을 리뷰(review, 다시 보는)해보려는 것입니다. 이것을 파악해야지만 우리가 맨 마지막으로 공부할 '현대사회의 일상생활 원리'를 이해할 수가 있을 겁니다.

'전통적' 사고방식이라고 하면 어떤 시대를 말하는 걸까요? 우리나라는 경제개발이 시작된 1962년 이후 산업구조가 바뀌면서 급격한 의식변화를 경험하는데 따라서 편의상 '1962년'을 중요한 포인트로 잡고 산업화가 일어나기 전, 즉 1962년 이전까지의 생각과 사고방식들을 '전통적 사고방식'이라 규정할 수 있을 겁니다. 그럼 1962년 이전 한국사회는 어떤 모습이었을까요? 1차 산업 종사자가 70% 이상이었습니다. 10명 중 8명은 농업에 종사했다는 얘기입니다. 자연의 뜻에 따르고 순응하면서 말이죠. 오늘날 대부분의 사람들은 3차 산업에 종사하고 있습니다. '그 사람의 사고방식(의식)은 어떤 일(직업)을 하느냐(갖느냐)에 따라 결정된다'는 말이 있듯이 우리가 하고 있는 '일'이 우리의 '의식', 즉 생각하고 사고하는 것에 굉장히 많은 영향을 미칩니다. 우리는 '지금 우리'의 모습에 익숙해져 있지요. 하지만 그 이전의 모습은 어떠했을까요? 궁금하지 않습니까? 지금부터 함께 살펴보도록 하지요.

한국인의 전통적 사고방식은 오랜 역사를 통해서 한국인의 기층의식으로 현실적 삶에 유형, 무형으로 작용해왔습니다. 이러한 전통의식은 한반도의 개국신화와 무속적 신앙, 자연숭배사상, 외래종교 등이 한국인들의 역사적 경험과 긴밀하게 상호작용하여 구성됩니다. 이른바 원시신앙으로서의 신화적 사고와 정령(精靈)사상 등은 다른 원시사회에서도 유사한 형태로 발견되지만 그 구체적 내용에서 한국 고유의 특성이 발현되는 것이죠.

단군신화와 한국인의 사고 원형

칼 융(C. Jung, 1875~1961)은 '신화는 인류의 보편적인 심층의식인 집단무의식의 발현이므로 그 속에는 그 집단의 원형이 나타난다'고 했습니다. 그 말에 따르자면 우리도 단군신화를 살펴보는 것이 필요하겠지요.

최근 한국의 전통 뿌리를 주장하는 사람들은 단군신화를 자주 언급합니다. 삼국유사, 고조선조에는 단군을 실존인물로 거론합니다. 2007년 이후 고등학교 교과서에서도 '가장 먼저 국가로 발전한 것은 고조선이었다. 고조선은 단군왕검에 의해 건국되었다'고 되어있습니다. 그 이전 교과서에는 '건국되었다고 한다'라고 표기돼 있죠. 또한 삼국유사에는 '단군신화'라는 말이 없고 원 표제는 '고조선'이라 적혀 있으며 괄호 안에 '왕검조선'이라 적혀 있습니다. 단군조선의 역사를 '단군신화'라 부르는데 이 단군신화는 전반부, '환웅천왕이 천상에서 무리 3천, 3정승과 함께 내려와 홍익인간의 이념으로 통치하였다'는 천강신화와 후반부, '단군왕검이 환웅과 마찬가지로 홍익인간의 이념으로 통치하다 나중에 산으로 들어가 산신이 되었다'는 난생신화로 나뉩니다. 설중환 교수가 쓴 『다시 읽는 단군신화』■에서는 이 이중구조를 '하늘 땅 오르내리기'라는 재밌는 말로 표현하고 있습니다. 또한 그는 '이런 정반대의 신화유형을 하나로 묶은 것은 우리 민족이 일찍부터 뫼비우스적인 사고방식을 가지고 있었다는 것을 의미한다'고 추론했지요.

우리가 흔히 알고 있는 단군신화의 이야기는 '환국의 아들 환인이 그의 아들 환웅을 지상에 내려 보내 토템, 즉 동물인 호랑이와 곰에게 마늘을 줘서 인간이 되기를 희망했는데, 이 중 천일 동안 마늘을 먹은 곰이 인간으로 환생(웅녀)하여 환웅과 결혼해서 아들 단군왕검을 낳았다'는 것이죠.

단군신화에 나오는 핵심 키워드는 '홍익인간', '천부인 3개(육당 최남선에 따르면 거울, 신칼, 머리에 쓰는 관으로 일부 학자들은 관 대신 방울을 들기도 한다. 모두 무당들이 접신할 때 쓴 무구)', '3천의 추장들', 그리고 '풍백', '운사', '우사'의 3정승 등입니다. '홍익인간'이란, '널리 인간을 이롭게 한다'는 뜻이지요. 이것은 대승불교의 정신과도 일맥상통합니다. 한국사회에서는 '개인주의'가 낯섭니다. 우리는 '우리'라는 말을 많이 쓰죠? '우리 가족', '우리 마누라', '우리 친구' 등등. 이

■ 『다시 읽는 단군신화』, 설중환, 정신세계사, 2009

렇게 '우리' 라는 말을 많이 쓰는 것도 '널리 인간을 이롭게 한다' 는 홍익인간 개념이 배어있는 것이라고 할 수 있어요. 또한 핵심 키워드를 보면, 천부인 3개, 3천 명, 3정승 등 숫자 '3' 이 유난히 많죠? 우리나라는 '3' 을 좋아합니다. 일상생활에서도 삼세번, 삼칠일 등 빈번히 사용되고 있죠. '3' 은 1과 2를 넘어서는 통합적 숫자로 '합', '완전 수' 를 뜻합니다. 도형에서도 선이 3개가 있어야 면이 형성되잖아요? 태극기도 처음에는 '3태극' 이었어요. 3개로 태극을 구성하였단 말이죠. 이러한 숫자 개념이 우리 의식에 어떠한 영향을 미쳤을까요? 우리 민족을 소위, '평화의 민족' 이라고 하죠? 우리는 갈등을 싫어합니다. 싸움을 싫어한다는 말입니다. 사소하다고 볼 수도 있지만 이러한 숫자 역시 우리에게 영향을 미쳤습니다.

한편 우리나라 사람들에게는 '한[桓]' 이 많다고 하는데요. 일부 학자들은 '환국' 의 '환' 자가 우리말의 '환' 을 한자어로 표기한 것으로 생각합니다. 우리나라 말로 '환' 은 '환하다, 밝다' 의 뜻을 가짐으로써 빛과 밝음을 숭상하는 심성이 드러난 것이라 주장하기도 하고요. '한[桓]' 이라는 말은 '많다' 는 의미도 되고, '단정 짓다' 라는 의미도 됩니다. '한' 이란 '크고 다 포함된 것' 이라고 해석되기도 해요. 다양한 해석이 있을 수 있죠. 어쨌든 이러한 '한 사상' 은 우리와 밀접한 영향이 있습니다. 김상일 교수는『한 사상』■에서 '환-한' 이 우리 민족의 키워드라고 강조하기도 했지요. 전체를 하나로 보는 단군신화의 형이상학적, 일원론적 세계관은 서구적인 의미의 일원론이 아니라 천상의 세계와 현상의 세계를 포괄하는 '대전적(大全的)' 세계, '전일적(全一的)' 세계라고 칭할 수 있다는 해석도 있습니다. ■■자국이 제일이며 세계의 중심이라는 서양의 일원적 사고방식과는 다른,

■ 『한 사상』, 김상일, 온누리, 1990

■■ '사상사에서 본 단군신화', 이남영, 〈월간조선〉 1980년 10월호, 270~277p

세계를 하나로 보는 것이 단군신화의 본이라고 본다는 겁니다. 이러한 해석도 참고할 만합니다. 어쨌든 단군신화는 이후 사람들이 스스로 우리 조상들의 세계관에 대해 설명하기 위해 쓴 것이라 할지라도 알아두고 참고할 필요가 있겠습니다.

자연종교와 토속신앙

자연종교를 통칭해 '애니미즘(Animism)' 이라고 합니다. '정령사상' 이라고도 하죠. 라틴어에 '아니마(anima)' 라는 단어가 있는데, 영어로 해석하면 '생명의 기운', '숨' 이란 뜻입니다. 애니미즘은 '삼라만상은 보이지 않지만 살아있는 힘, 생명에 의해 움직인다' 는 뜻을 갖습니다. 가장 초보적으로 세상을 바라보는 관점이지요. 이것은 자연에 흩어져 있는 'Anima(아니마)', '마나(mana)' 에 대한 믿음입니다. 유기체로서는 나약한 인간이 외계를 보며 '자연물에 인간을 압도하는 힘(기운)이 있다. 모든 것은 그것의 작동에 의해 움직인다' 고 보는 것이 애니미즘입니다. 이것은 인간이 자연을 지배(control)하기 전 가진 가장 초보적인 사고방식이며 전 세계적으로 공통적입니다.

또 '서낭당' 은 '마을의 수호신으로 서낭이나 산신을 모시는 신앙' 입니다. 서낭당은 서낭신을 모신 신역으로서 신앙의 장소입니다. 이곳을 내왕하는 사람들은 돌 · 나무 · 오색천 등 무엇이든지 놓고 지나다녔습니다. 물론 그곳의 물건을 함부로 파거나 헐면 안 된다는 금기가 지켜졌음은 말할 나위가 없겠죠. 서낭당에 가서 돌멩이를 얹고 세 번 절하고 침을 뱉고 하는 걸 본 적이 있죠? 서낭당은 마을 어귀나 고

갯마루에 원추형으로 쌓아 놓은 돌무더기 형태로, 그 곁에는 보통 신목(神木)으로 신성시되는 나무 또는 장승이 세워져 있기도 해요. 이것은 산이 많아 돌멩이가 많은 우리나라의 자연환경과도 밀접한 연관이 있습니다. 왜 몽골 같은 경우에는 돌이 없어서 깃발을 세우고 그러잖아요? 아무튼 이러한 서낭당의 형태는 고려시대 이후 조선조를 이어 현재까지도 잔존합니다. 이성계(李成桂, 1335~1408)는 즉위 후 여러 산천에, 태종(太宗, 1367~1422)은 백악(白岳)서낭과 송악(松岳)서낭 등을 모셨다고 전해집니다.

산신제는 공동체 전체의 보호를 바라는 마음으로 동네에서 산신에게 올리는 제의입니다. 고대사회의 제천의례에 뿌리를 두고 이어져 온 것인데, 이때 '신'을 할아버지나 호랑이 그림으로 구체화시켜 나타내기도 했습니다. 오늘날에는 지역민의 안녕과 평화를 도모하는 민간신앙으로 자리 잡게 되었죠. 현재 무당의 '부적'도 이와 비슷합니다. '애니미즘'을 현대적으로 변형시킨 것이죠. 우리는 이러한 부적(상징물)을 몸에 지니고 다니며 보호받기를 원합니다.

자연은 항상 변합니다. 그에 따라 인간도 변하지요. 이렇듯 자연과 인간의 변화 속에서 이를 예견하고 또 어떻게 대처할지를 생각해본 것이 가장 초보적인 단계의 신앙체계였으며 무당에 대한 믿음이었습니다. 최근 들어 포스터모더니즘(Post Modernism)의 부상과 함께 활성화되고 있는 것이 또한 이러한 '점복', '무속 사상'이기도 합니다. 우리는 미래에 일어날 일들에 대해 알고 싶어 하죠. 미신도 많이 믿습니다. 요즘 사주카페가 많이 생기는 이유도 다 이 때문입니다. 국내 무당의 수는 정확하게 파악되지 않지만, 최대 규모의 무속인 단체인 (사)한국경신연합회의 조사에 따르면 23만~25만 명 정도라고 합니다. 또 2012년 9월 5일자 문화일보의 조사에 따르면 2007년 기준으로 이미 30만에서 100만 명까지 된다고 하니 대단하지요.

이전부터 무당이 하는 사업은 '운세 산업'이라 해서 경제적으로도 중요한 단위가 되어 왔습니다. 현대에도 하나의 거대한 산업으로 발전하고 있습니다. 몇 년 전 한 신문의 특집 기사를 보니, 증권회사에서 투자 상담하는 사람들에게는 '단골무당'이 있다고 하더군요. 한 달에 100만 원 정도씩을 주고 그 무당에게 전화해 어떻게 되겠느냐고 물어본대요. 그러면서 자기 고객 관리의 중요한 자원으로 쓰고 있다 합니다. 재밌죠? 이렇듯 무속신앙은 현대까지 한국인의 삶과 가장 밀착되어 있는 대표적인 민속신앙이라 볼 수 있습니다.

한편 인간의 문물제도 중 가장 늦게 변하는 게 '죽음'을 다루는 장례제도입니다. 하지만 이 역시도 우리나라의 경우엔 아주 급속하게 변하고 있습니다. 그만큼 사회의 모든 것이 급변하고 있다는 겁니다. 옛날 것이 하나도 없어요. 이렇게 급변하는 나라가 없습니다. '아노미'가 그냥 나온 게 아니겠죠.(웃음)

자연철학으로는 풍수사상이 있는데, 여기서는 말 그대로 '바람과 물'이 굉장히 중요합니다. 풍수란 '물길과 바람 길이 사람(자손)에게 직접적인 영향을 미친다'는 것입니다. 어떤 절의 암자에서 자면 개운하다고들 말하죠. 그것은 그만큼 그곳의 기운이 좋다는 것입니다. 요즘 '수맥(파장)'에 대해서도 많이 이야기가 나오죠? 이러한 수맥, 파장이 인간에 미치는 영향에 대해서는 현대 의학적으로도 이미 증명된 바 있습니다.

요즘은 풍수가 생활풍수로 바뀌면서 사람들이 건물의 위치, 공간배치, 다니는 길 등에 신경을 많이 쓰고 있습니다. 많은 사람들이 사무실과 집의 위치, 가구들의 공간배치에 신경을 쓰는 이유도 그러한 것들이 삶에 영향을 끼친다고 믿기 때문이지요. 이러한 풍수지리 사상이 우리나라(동양)에만 있는 것은 아닙니다. 서양 건축에서도 '풍수'라는 게 있어 '임산배수'와 같은 원리로 집을 지었다고 합니다. 이렇듯 '자연과의 조화'라는 것은 세계 어디서나 가장 기본이 되는 개념이었던 것 같습니다.

한국의 불교

잘 아시다시피, 불교의 창시자는 '싯다르타 (Gautama Siddarta, B.C 624~544)' 입니다.

그는 기존의 '재가(개인의 모든 행동 하나하나가 '업'이 되어 자신에게 그대로 돌아와 영향을 미치므로, 제사를 엄밀히 정성껏 잘 지내는 신행)'와 '사문(출가해서 극단적 고행, 금욕주의를 통해 그 고통을 넘어 열반에 가려는 수행)'의 양 극단 대신, 중도를 통해 득도를 합니다. 그는 6년 동안 극단적인 금욕주의와 고행을 통해 깨달음을 구했지만 아무것도 얻지 못했습니다. 몸만 버리고 말이죠. 하지만 그러한 수행방식을 버리고 새롭게 마음을 가다듬고 앉아서는 며칠 만에 득도를 합니다. 현악기의 줄은 너무 세게 잡아당기면 끊어져 버립니다. 적당히 잡아 당겨야 소리가 나죠. 이렇듯 불교에서 말하는 것이 바로, 양극단을 넘어서는 '중도'입니다. 또한 싯다르타는 계율을 강조하는 사람들에게 '강을 건널 때는 배를 타고 강을 건너지만, 땅에 다다랐을 땐 그 배를 짊어지고 갈 필요 없이 버려야 한다'며, '계율은 수단이며 형식적인 논리에 불가하다'고 반박했습니다.

불교의 기본 가르침은 '4성제 [苦集滅道]'와 고통에서 벗어나는 '8정도' [正見, 正思, 正語, 正業, 正命, 正精進, 正念 正定]입니다. 인간은 생로병사가 고통입니다. 태어날 때부터 아픕니다. 죽을 때도 고통스럽습니다. 뿐만 아니라, 사랑하는 사람과 헤어지는 것도 미워하는 사람을 만나야 하는 것도 또한 구하려 해도 얻을 수 없는 것도 우리의 5관을 파고드는 온갖 자극들도 다 고통스럽습니다. 이렇게 아프고 고통스러운 원인은 '무지의 갈망' 때문인데, 그것을 멸하는 방법이 '8정도'라는 것입니다. 이러한 불교는 한국에는 신라시대 때 '이차돈 순교'를 통해 기층 종교였던 무속신앙과 신흥종교인 불교의 충돌을 극복하면서 지식인의 상층부를 중심으로 안착되었습니다.▪ 이 때 들어온 불교는 종교와 교리 뿐 아니라 음악, 미술, 공예, 건축 등 한국 문화재의 80%가 불교와 관련될 정도로 전통문화 전반에 많은 영향을 미칩니다.

우리나라에 들어온 불교는 기층종교였던 '무속신앙'과 서로 영향을 주고받습니다. 무당은 불교의 영향을 받아 미륵불을 모시죠. 또한 가람배치에서도 이러한 것을 볼 수 있습니다. 무속신앙의 상징인 '장승'이 불교에는 없습니다. 하지만 우리나라 절에는 가장 바깥에 장승이 배치되어 있습니다. 장승을 지나면 불교의 본당이 나오고, 그 다음 제일 위에는 산신각이 배치되어 있습니다. 이것은 기층 종교와 불교가 서로 타협을 본 결과라 할 수 있습니다.

▪ 불교 전래설은 4세기경 북방부에서 넘어 왔다는 '북방부설'과 허황후가 들어올 때 함께 들여왔다는 '남방부 설'이 있다.

생활윤리로서의 유교사상

유교는 4세기경 관리등용제도가 들어오면서 함께 들어왔습니다.

유교의 핵심사상은 '인(仁)' 입니다. '仁' 이라는 글자는 사람 인(人)자와 두 이(二)자가 합쳐진 것으로 '현세에 살고 있는 사람들의 사회관계' 에 대한 사상이랄 수 있습니다. 인의 핵심은 다른 사람과 눈높이와 마음을 같게 하는 것(恕)입니다. 공자는 제(齊)나라 경공(景公)이 정치를 묻자 '政(정치)은 正(정)' 이라며 '정명(正名, 이름을 바르게 하는 것)' 이 그 출발이라 한 바 있습니다. '군자' 라는 것도 어울리는 사람에게 이름 붙여야 하고 '임금' 역시 임금다운 사람에게 붙어야 하며 독재자는 독재자로 불러야 한다는 것입니다. 이름을 그 대상에 정확하고 분명하게 맞춰서 불러야 한다는 것인데 이는 알고 보면 굉장히 과격한 말이기도 하지요.

이와 관련된 얘기 하나를 곁들이면, 유교의 기본 덕목인 삼강오륜 중 '군신유의(君臣有義)' 가 우리나라에서는 '신하는 임금을 섬겨야 한다' 로 해석되지만 사실은, '임금은 신하의 표본이 되어야 한다' 는 뜻이라는 겁니다. 임금이 임금답게 행동을 해야 신하들도 임금을 섬긴다는 것인데 상당히 의미 있는 말이고 곱씹어볼 필요가 있는 말이지요.

유교철학은 중국의 통치 이념이자 공식적인 생활 원리였습니다. 우리나라도 조선시대 때 공식적인 규범이 된 이후 현재까지 많은 영향을 미치고 있습니다. 하지만 조선 중기까지도 일부일처제가 확립되지 못할 정도로 유교가 우리가 알고 있는 것만큼 일반 민중들의 생활에 큰 영향을 미친 것 같지는 않습니다. 그만큼 기층 민생들의 생활이 이미 확립되어 있었다는 것이죠. 역사학자들은 제도가 바뀌면 생활문화도 바뀌는 것처럼 주장하곤 하는데, 실제 민생과 생활에 유교가 얼마나 영향을 미쳤는지에 대해 관심을 가지고 살펴봐야 할 필요가 있습니다. 안타깝게도 우리나라에는 유교가 기존 질서의 유지를 위한 보수적 이데올로기로 고착되었고, '삼강' 보다는 '오륜' 이 강화되면서 권위주의와 가부장문화, 남존여비사상 등을 낳았고 이는 아쉬운 점이랄 수 있겠습니다.

한국인의 전통적 사고방식

우리나라에는 '한국인' , '한국사람' 에 대한 연구가 거의 없습니다. 한국 사람들의 기질, 특성, 정신 등에 대해 관심을 가지고 제대로 분석한 적이 없어요. 일본의 경우에는, 일본 사회학자들이 '일본인의 기질' 에 대해 쓴 단행본만 680점이 넘고, 논문까지 합하면 1,000점이 넘는다고 합니다. 하지만 우리는 없어요. 우리는 스스로를 치밀하지 못하고, 게으르고, 미적 감각이 부족하며, 사대주의적이라며 비하하곤 합니다. '우리' 에 대한 이야기를 '다른 나라 사람' 의 입을 통해 듣고 또 그대로 받아들이며 살고 있지요. 과연 그것이 정말 우리들의 모습일까요? 이제라도 '우리' 에 대한 연구를 '우리' 가 하는 것이 필요합니다. 그럼, 제가 연구하고 분석한 결과를 토대로 현재 우리 사고방식의 바탕이 되는 '한국인의 전통적 사고방식' 의 특징에 대해 알아보겠습니다.

우선 첫 번째로 '인간 본위의 대동(大同)적 세계관'이 있습니다. 인간을 중심으로 한 대동소이의 세계관을 말하는 것입니다. 이러한 세계관은 글자에서도 잘 드러납니다. 한글에 '그이'라는 말이 있죠. '그이'는 사람을 가리키는 명사입니다. 여기서 사람은 '땅을 딛고 하늘을 보며 서 있는 사람'이라는 뜻입니다. 이 한 가지 글자로 사람을 지칭하는 언어는 한글 밖에는 없다고 할 수 있습니다. 언어도 굉장히 '사람 중심'이란 말이지요. 우리는 또한 '우리'라는 말을 굉장히 많이 씁니다. 이것이 전형적으로 드러나는 대표적인 예가, 부산에서 많이 쓰는 '우리가 남이가'라는 말입니다. '천(●),지(ㅡ), 인(ㅣ)'의 관계, '사람 나고 돈 났지 돈 나고 사람 났나', '부처 위해 불공하나 제 몸 위해 불공하지' 하는 것들도 다 이와 같은 세계관이 반영되어 있는 말들입니다.

그 다음은, '소유'보다 '존재'를 우위에 둔 세계관을 들 수 있습니다. 영어의 기본 동사에는 'have', 'be' 등이 있지요. 존재와 소유를 나타냅니다. 그런데 우리나라는 'be'가 절대적으로 많습니다. 'be' 동사가 넘쳐나는 문화랄 수 있어요. 예를 들어, 영어에서는, 'I have a father', 이를 직역하면 '나는 아버지를 한 명 가지고 있다'고 표현됩니다. 하지만 우리는 '아버지가 계신다'라고 표현하죠. 또한 'I have a book', '나는 책을 한 권 가지고 있다'라는 말 역시 그러한데 물건을 '가진 것'에서 끝나지 않고 '가지고 있다'라고 표현해야 완성이 되는 겁니다. 'be' 동사가 들어가야 문장이 비로소 끝이 나게 되는 것이죠. 이렇듯 '있다'라는 '존재'가 소유의 영역까지 침범하는 것이 우리의 전통적 사고방식입니다. '있는 놈이 더 무섭다'란 말도 이와 관련된 말입니다. 가진 자가 '있는 놈'으로 표현됩니다.

또, 절대적 결정론보다는 여백과 형성의 상대주의적 관점을 견지한다는 것도 우리 전통 사고방식의 특징입니다. 우리는 사람도, 사태도 단죄하거나 단정 짓지 않고 완결되어가는 '과정' 자체를 중시합니다. 우리는 '악'을 이야기할 때, '못된 놈', '덜된 놈'이라 표현하지요. 이 말에는 아직 완성되지 않았지만 점점 그렇게 되어가는 존재, 형성되어 가는(becoming) 과정의 존재로 본다는 것이 바탕에 깔려있습니다. 사람을 섣불리 단정 짓지 않고, 마감처리를 하지 않습니다. 한 마디로 '뒤를 열어 놓는 사고방식'이랄 수 있어요. 이러한 것이 실현되려면 여백이 있어야겠죠. 다 말하지 않는 겁니다. 이는 우리의 미학에서도 나타납니다. 또한 우리는 인간의 본질적 한계를 인정하며 용서를 잘 합니다. '털어서 먼지 안 나는 사람이 없다', '옥에도 티가 있다', '물이 너무 맑으면 고기가 못 산다' 등의 말에서 볼 수 있듯 상대주의적 관점에서 생각을 잘 하지요. 우리에겐 간접적, 비언어적 표현을 선호하는 특징도 있는데 그래서인지 완성된 숫자도 좋아하지 않지요. 하나가 비어있는 '9'라는 숫자를 좋아하기도 합니다. 역시 '단정 짓지 않는다'라는 태도와 서로 통합니다.

'주기적 시간구조와 낙천적 순응양식'도 들 수 있겠습니다. '궁하면 통한다', '달도 차면 기운다'는 말이 있습니다. 끈질긴, 낙천적 순응양식은 중요합니다. 조선조 말에 외국 사람들이 들어와서 조선 사람들의 낙천성을 보고 놀란 바가 있지요. 제임스 게일(Gale, James Scarth, 1863-1937)이라는 캐나다 목사는 '한국의 머슴이 제일 낙천적'이라고 말했습니다. 방자는 자신이 모시는 도련님을 놀려 먹지요. 자신이 모시는 상관한테 농담을 하는 겁니다. 다른 나라에서는 상상도 못할 일이죠. 이것이 우리나라 서민들이 가진 낙천성입니다. 우리나라 문화를 '한' 문화라고 하죠? 한이란 '밝다'라는 뜻도 있습니다.

우리 민족은 애환도 있지만 상당히 '밝은 민족' 입니다. '신명' 이 있는 민족이라는 겁니다.

우리는 문화적 재능도 뛰어납니다. 무척 뚜렷한 사계절도 한 요인이 되었을 겁니다. 선명한 사계절은 아주 좋은 예술적 자원이 됩니다. 이 때문인지 우리 민족은 색감이 아주 뛰어나기도 합니다. 하나의 색깔을 표현하는 것도 매우 다양한데 예를 들어 '노랗다' 는 것도 '누렇다, 누리팅팅하다, 누리끼리하다' 등 아주 다양하게 표현합니다. 외국인들이 종종 우리나라 절을 보고 깜짝 놀라곤 하는데 특히 그 색깔이 굉장히 다양하고 화려하기 때문이죠. 우리는 색깔이 넘쳐나는 환경에 살면서, 동시에 색깔이 넘쳐나는 문화를 가지고 있습니다. 흔히 우리 민족을, '색깔이 없는 민족', '백의민족' 등으로 표현하는데, 이것은 편향된 생각입니다.

우리의 뛰어난 감성과 예술적 감각, 또 생활은 고구려, 신라, 백제 문화만 봐도 확인이 됩니다. 선과 색감이 단연 돋보이며, 생활 속에서도 예술적 감각이 넘치지요. 야나기 무네요시(柳宗悅, 1889-1961)는 조선 미술을 '선(線)적인 요소' 로 해석하는 한편 조선의 미를 '비애의 미' 라고 보았습니다. 이 사람 때문에 그 후의 많은 우리 지식인들이 한국의 미를 무턱대고 '선적인 미' 에 한정시키는 오류를 되풀이 하고 있습니다. 그러나 앞에서 지적한 것처럼 한국인의 색에 대한 감각은 어느 나라보다 정교하고 세분화되어 있습니다. 또한 조선의 미에는 비애만 아니라 밝음과 낙천성도 그에 못지 않게 혼재되어 있다는 걸 명심해야 합니다.

가족주의와 강한 내집단 의식도 우리 전통 사고방식의 특징입니다. 모든 나라에서 '가족'은 가장 중요하고 한 개인의 삶의 핵심이 되기도 하지만 우리처럼 가족주의가 유난히 강한 곳은 잘 찾아보기 힘듭니다. 이것은 역사적으로 민중들의 삶을 국가가 적극적으로 보호해 주지 않았던 영향도 있겠지만, '피는 물보다 진하다'는 말이 있듯이 그 자체로도 매우 강합니다. 입양 등의 문화에 대해서도 다른 나라에 비해 매우 폐쇄적이며, 모성애는 동물적이랄 수 있을 정도로 매우 집약적입니다. 아리스토텔레스(Aristoteles,BC 384~322)가 일찍이 갈파한 바와 같은 '동물적 집단'입니다. 무비판적이며, 우리와 남을 구분하는 근본 기준이기도 합니다.

마지막으로, '현재적 삶의 강조'를 들 수 있겠습니다. 우리 민족은 예로부터 '모든 것은 원초적으로 자연과 연결되어 결과적으로는 순환하여 되돌아 온다'는 사고방식을 가지고 있었습니다. '현금 박치기'란 말이 있죠? 그만큼 우리나라 사람들은 현금을 좋아하고 현금을 많이 들고 다닙니다. 이처럼 우리의 전통문화는 여기, 지금, 당장이 가장 중요하며, 현재를 즐기는 문화, 현재가 기준이 되는 문화랄 수 있습니다.

Q. 현대 한국사회의 사고방식은 인간본위도 아니며 상당히 많이 달라졌다는 느낌을 받게 됩니다.

그래요. 이것은 1960년 이전까지는 어느 정도 해당되지만 이후 급속한 산업화를 거치면서 우리는 무엇보다 '사람'을 잃어버렸지요. 60년대 이전까지는 사람을 존중하는 사회였다고 생각합니다. 그때만 해도 시골에 무전여행을 가면 돈이 없어도 재워주고, 사람대접을 해줬어요. 하지만 지금은 시골도 그렇지 않잖아요. 많이 달라졌다는 말에 동의합니다.

Q. 그런 의미에서 한국인의 전통적인 사고방식이나 태도에 흔히 냄비근성이라 표현하는, '뿌리가 약한, 변덕스러운' 등의 특징도 하나 넣어야 하는 것 아닌가 생각합니다. 너무 좋은 쪽으로만 말씀하신 것 아닙니까?(웃음)

'현재적'이니까 현재가 바뀌면 또 바뀌겠지요. 이것들이 다 꼭 좋은 것이라고만 볼 수는 없어요. 예를 들어 '현재적'이라고 하면, 현재를 중요하게 생각하다 보니 물질 중심적이 될 수도 있고, 또 어느 정도는 현재를 억압하고 금욕해야 미래를 좀 기약할 수 있는데 우리는 다 써버리는 문화니까요. 황금만능주의 문화가 팽배할 수 있는 가능성이 여기에 있는 거예요. 하지만 이 같은 메커니즘이 경우에 따라 저마다 다르게 나타날 수 있는 가능성이 충분히 있다는 것입니다.

상대주의적 시각은 포용은 하지만 역사 단절은 못하잖아요. 우리가 광복 이후 일제 청산을 제대로 하지 못한 이유 중 하나도 상대주의적 관점입니다. 털어서 먼지 안 나오는 사람 어디 있느냐는 식의 사고방식, 정도의 차이는 있지만 친일 안 한 사람이 어디 있느냐는 식의 사고방식 말입니다. 서양의 경우엔 반드시 짚고 넘어가야하는 일이지만 우리에겐 그렇듯 딱 잘라 처리하는 방식이 어색했던 겁니다. 그러니 어떤 특징도 그것이 반드시 좋기만 한 것이라고 볼 수는 없어요.

Q. 그런데 서민들이 오히려 '털어서 먼지 안 나오는 사람 없다'는 식으로 대범한 반면, 지배계급들은 빨갱이, 종북 등의 이름으로 무자비하게 사람들을 죽이기도 하고 몰아붙이기도 하는 걸 보면 어떻게 생각해야 할 지 좀 혼란스러워요.

그렇죠. 지배세력들은 늘 그런 식이죠. 우리는 일반 민중들의 전통적 사고방식을 말했던 것인데 그러니 세대가 바뀌면 속담도 바뀌어야 한다는 말이 나오는 거예요. 여기서는 기층 민중들이 가지고 있는, 보통 사람들이 가지고 있는 전통적 사고방식을 말하는 거예요. 엘리트가 아니고. 아까 우리 민족의 '낙천성'에 대해 이야기할 때 빠트린 것이 있는데, 이화여대 80주년 기념행사에 '마가렛 미드(Margaret Mead, 1901~1978)'라는 유명한 미국의 인류학자가 왔는데 이분이 강연에서 기가 막힌 말을 합니다. 자기가 신촌 시장을 한 바퀴 돌고 왔는데 굉장히 놀랐다는 거예요. 한국 여자들이 유교 문화의 영향을 받아 인권이 아주 형편없고, 소극적이며 무력할 것이라고 예상했는데 의외로 굉장히 에너제틱했다는 거죠. 책에서 읽었던 한국 여자와 시장에서 때로는 남자들 멱살도 잡아가며 장사하는 한국 여자들의 실제 모습은 굉장히 달랐던 겁니다. 아주 힘 있고 동적이었던 거예요. 문헌으로만 바라본 한국과 실제 모습이 그만큼 차이가 많았다는 겁니다. 서양에서는 결혼하면 여자의 성(姓)이 없어집니다. 남자 성을 따라가죠. 하지만 우리나라는 성을 가지고 있잖아요. 또 남편이 돈을 벌어오면 바로 마누라한테 다 줍니다. 이렇게 모든 돈을 여자한테 다 맡기는 나라는 우리나라 밖에 없어요. 실제 부부관계에서도 여자의 힘이 점점 강해지고 있잖아요. 연애할 땐 어떤지 몰라도 결혼하면 고양이가 호랑이로 바뀝니다. 표면적인 것과 달리 실제적으로 여자의 권력은 서양 못지않고 오히려 더 강하다는 겁니다. 그러나 이 같은 일상생활에서의 권력 관계를 학자들은 잘 보지 못합니다. 그래서 마가렛 미드가 '한 바퀴' 돌고 깜짝 놀랐던 것이죠. 한국 여성들이 너무나 당당하고 강하다는 겁니다. 이처럼 문헌에 갇혀 생활을 놓쳐버리면 제대로 보지 못하는 거예요.

Q. 갑자기 궁금한 것이 한 가지 생겼습니다. '현재적 삶을 중요시 한다'는 특징과 관련해서 신용카드가 생각났는데요, 나중에 많이 힘들어할 걸 알면서도 신용카드로 지금 갖고 싶은 걸 사고 나중에 갚아도 된다는 사고방식이 많은데 이렇듯 신용카드와 같은 개념도 한국의 전통적 사고방식과 관계가 있을까요?

신용카드의 개념이라기보다, '현재가 믿을 만한 것' 이라는 관점이 있으니 미래에 대해 투자를 많이 하지 않는 것이죠. 미래를 위해 저축하기 시작한 건 자본주의가 들어오면서 미래를 잡아 당겨 와 설계를 하면서부터입니다. 우리는 약속을 잡을 때 시간을 그리 길게 두지 않았어요. 시간 약속을 해도 시계가 없으니까, '달 뜰 때 보자' , 돈을 갚을 때도 '추수 끝나고' 이런 식이었지 미래를 구체적으로 잡아당겨오지는 않았어요. 그때는 우리 생활 바탕이 1차 산업에 있었기 때문에 미래에 대해 큰 설계를 하지 않았고 현재가 가장 중요했습니다. 그때그때 즐겼던 것이죠. 우리는 특히 가무를 즐기는 민족이고 이것은 원시 토속 사회의 특징이기도 한데 여전히 그런 특징은 남아있지요.

또한 속도의 문제도 있습니다. 우리는 '지금 당장' 이 중요합니다. 이것이 속도를 강조하는 문화와 결합하면 '빨리빨리' 문화로 바뀌게 됩니다. 제가 고등학교 시절, 한국 사람의 중요한 기질 중 하나가 '은근과 끈기' 라는 것을 어떤 책에서 읽은 적이 있어요. 산업화 이전의 얘기죠. 요즘은 아닙니다. 산업화 이후 모든 게 '빨리빨리' 로 바뀌었어요. 이전에는 생활리듬 자체가 사계절을 축으로 해서 돌아갔기 때문에 그렇게 빠를 수도 없고 빨라 봤자 별 무소용이었죠. 하지만 이제는 3차 산업 중심이죠. 우리나라 택배가 가장 빠르다는 말이 있습니다. 인터넷 광통신망도 마찬가지에요. '쇠뿔도 단 김에 빼다' 는 속담이 떠오르지요? 우리의 잠재의식 속에 이런 식으로 지금 당장을 중시하는 태도가 남아있는 겁니다. 요즘 젊은이들은 특히 기다리는 걸 싫어하죠. 약속시간도 꼭 지켜야 합니다. 이전에는 30분쯤 늦어도 따지지 않았어요. 하지만 요즘은 늦으면 큰일 납니다. 프랑스만 해도 30분쯤 늦는 것은 별로 따지지 않아요. 혼자 책보고 차 마시며 그냥 기다리죠. '코리안 타임'이라던 우스개소리가 오히려 거기에 남아있는 것 같아요. 예전에는 남녀 간에 사랑을 표시할 때도 'I Love You'라고 하지 않았습니다. 하지만 요즘에는 할머니도 'I Love You'를 외치죠. 그렇다고 사랑이 깊어졌느냐, 그건 또 아닙니다. 그럼 전통적으로 '은근과 끈기'를 가졌던 사람들이 왜 이렇게 조급한 문화로 바뀌었을까요? 그것은 생활이 우리를, 그대를 속여서 그래요.

Q. 생활이 우리를 속이는 것도 있지만, 최근 자본주의 사회에서는 대부분 나라들이 이런 특징들을 공유하는 것 같은데요. 우리가 이처럼 유독 많은 변화를 목도하고 있는 것은 혹시 우리의 전통적 사고방식이라는 것 자체가 '뿌리'가 약했기 때문은 아닐까요?

현재적 삶을 강조하는 태도에서는 뿌리를 찾아가는 것에 대해 별로 적극적이지 않습니다. 이름난 것들만 좋아하지요. 이른바 '용꼬리보다는 뱀 머리가 좋다'는 사고방식입니다. 우리는 모두들 주인공이 되고 싶어 하죠. "내가 니 시다바리가?"라는 유명한 영화의 한 대사처럼 누구도 '시다바리'를 하고 싶어 하지 않잖아요. 우리의 신분질서가 빠르게 깨졌기 때문입니다. 요즘은 그렇게 해체된 신분질서가 돈을 통해 다시 구성되고 있죠. 돈으로 계급화가 이루어지고 그 속에서 기득권이 된 사람들에게는 우리나라가 참 살기 좋은 나라로 여겨질 겁니다.

Q. 그렇다면 우리가 '역사'를 제대로 연결하거나 잇지 못하고 있는 건 아닐까 생각도 됩니다. 현재를 중시하는 사고방식이라 하더라도 역사의 문제를 외면해선 안 될 것 같은데요.

당연합니다. 그러나 한 가지, 역사는 힘 있는 자들이 '만든다'는 걸 알아둬야 합니다. 힘 있는 자들이 자신들의 관점에서 기술하지요. 삼국유사와 삼국사기 중에 힘 있는 자가 삼국사기를 선택하면 다른 사람들도 그들의 눈을 통해 세상을 바라보게 된다는 겁니다.

분단된 나라에 사는 지금의 우리에게 가장 비극적인 게 종합적인 관점으로 바라보지 못한다는 겁니다. 무엇이든 이분법적으로 볼 수밖에 없어요. 그러나 분류법 중 가장 원시적인 것이 '이분법'입니다. 단순무식하고 소박하죠. 종합적인 것이 없단 말이에요. 요즘은 성별만 해도 남녀 뿐 아니라 트랜스젠더도 있고 점점 모호해지고 있는데 어떻게 모든 걸 딱 두 가지로 나누어 설명한다는 것입니까. 그래서 제가 항상 하는 말이, 우리나라는 자유민주주의 국가가 아니라는 겁니다. 자유주의의 핵심은 자유주의를 반대하는 사람들도 인정해야 한다는 건데 그러려면 공산당도 인정해야 올바로 된 자유주의가 되겠지요. 일본엔 공산당이 있습니다. 뿐만 아니라 우리와 수교한 많은 나라들에 공산당이 존재하는 나라들이 많아요. 하지만 우리는 인정하지 않죠. 공산당의 생각에 동의하고 안하고의 문제가 아니라 그 존재를 인정할 것이냐의 문제입니다. 그 지점이 중요한 거죠. 일본에 공산당이 있다고는 했지만 그들에게 힘이 있지는 않아요. 그러나 헌법에서 인정해준다는 건 중요한 것이죠. 우리에겐 현대사의 비극도 있고 하니 어느 정도 이해는 가지만 지금처럼 이분법적인, 공식화된 틀에 꽉 짜여 사고하는 것은 지양해야 합니다. 딱 갈라놓고 조금만 벗어나면 아니라고 생각하고 몰아붙이는 게 지금처럼 계속 통용된다면 우리는 자유주의 국가라고 할 수 없습니다. 이 한계를 알아야 해요. 그래서 우리는 갇혀 있다는 것이지요. 돈 쓸 때만 자유로워 보입니다. 하지만 그마저도 매스미디어, 특히 광고에 갇혀있는 셈이고요. 지금 우리의 무의식은 정치이데올로기 뿐 아니라 자본주의의 이데올로기 속에 갇혀있는 셈입니다. 그러니 사회사상의 문제는 '폭로'의 문제이지 해결의 문제가 아닙니다. 우리 안의, 혹은 우리 주변의 장벽들만이라도, 또 그것들의 정체만이라고 알려주는(폭로하는) 것이 우선적 단계일 겁니다. 바로 알아야 해결도 할 수 있는 것이죠. 어딘가에서 새싹은 돋아나고 있습니다. 역사를 보면 언제나 새로운 사상, 생각을 해낸 사람들은 '혹세무민(惑世誣民)'으로 몰려 처형당했어요. 그러니 모든 새로운 생각은 불온할 수밖에 없습니다. 하지만 바로 그렇기 때문에 사람이지 않겠어요? 모든 사람이 다 똑같다면 그게 더 이상한 겁니다. 사람마다 생각이 다 다르다는 전제 위에서 사고할 때 보다 성숙한 사고가 가능하게 됩니다.

Q. 좀 다른 얘기입니다만, 풍수지리에 왜 태양은 없는지 늘 궁금했습니다.

해는 항상 있는 것으로 봤으니 크게 문제 삼지 않았던 것이죠. 하지만 남향을 따지고 하는 것은 태양을 중요시하고 있다는 증거이기도 해요. 우리는 항상 해를 보고 있었어요. 모든 지구상의 생명은 태양에 의존하잖아요. 우리는 태양을 버리는 것이 아니라, 끊임없이 태양을 바라봐온 민족입니다. 다만 태양은 중요 변수가 아니라 '상수'라고 여겼던 것이죠.

Q. 풍수지리가 특별히 중요시된 것은 우리나라가 산이 많은 지형이기 때문이기도 한 것 같은데요.

네. 맞습니다. 풍수는 일종의 자연철학인데, 산수와 계곡을 중요시하죠. 몽골에는 없습니다. 우리나라가 특히 그렇죠. 현대 건축에서도 물길과 바람 길을 따집니다. 배산임수라는 것 자체가 산이 있어야 가능한 것이기도 하지요.

Q. 어떤 책에서 한국을 대표하는 사상을 고운 최치원(崔致遠, 857 ~ ?)의 '풍류사상'이라고 주장하는 걸 봤습니다. '신명'이라는 화두와 함께 설명을 하던데요. 좀 큰 질문이긴 하지만 궁금해서 여쭤봅니다.

풍류사상에 대해서는 다른 자료나 소개된 책들이 많을 거예요. 최치원 선생은 화랑과 연결해서 풍류사상을 얘기했는데 이른바 '유불선'이라는 것 중 '선'과 밀접한 관계가 있는 사상이기도 합니다. 유교나 불교와는 달리 자연철학적 관점에서 자연과 인간 사이의 커뮤니케이션을 중요시하죠. 신선은 산이 없으면 성립이 안 되는 것이잖아요? 화랑들이 계곡 가서 수련하고 기운을 받고 하는 것을 떠올려보면 그들의 심신 훈련 자체가 풍류사상과 연관이 있다고 할 수 있습니다. 그것만이 '핵심'이라고는 할 수 없겠지만, 매우 중요한 요소라고는 볼 수 있어요. 화랑의 교육이념, 인격 수양 등에 있어 풍류는 중심을 이루지요. 또 이것이 독특한 한국의 '흥(興)'과 연결되어 신명 사상으로 내려오고 있고 생명사상으로 연결되기도 하지요.

우리가 '풍운아'라는 말을 쓰곤 하지요? 땅에 발 딛지 않고 바람 따라 흘러 다닌다는 말인데 무당을 보고 '산 바람 난 사람'이라고 하기도 하죠. 단군이 산에 들어가 신선이 되었다는 말이나 '산신령' 같은 말에서 볼 수 있듯 산에 뭐가 있다고 믿는 태도는 도교와는 또 다른 유불선의 개념이랄 수 있습니다. 우리식의 도교라고도 할 수 있겠죠. 아무튼 자연철학적 관점 및 자연과의 관계가 굉장히 강합니다. 자연과의 조화를 중요시했어요.

사실 자본주의 사회가 되면서 '소유'가 강조되고, 이 소유라는 것이 나오면서 '정복'이 나오게 됐지만 이전에는 정복한다는 개념 자체가 없었죠. 자연을 정복한다는 말 자체가 성립되지 않았던 겁니다. 소유라는 말도 원래는 '그 장소에 있음[所有]'이란 뜻으로, 농경사회의 특징이기도 합니다. 원래 우리에게 있었던 것들을 잘 살펴볼 필요가 있는데 갈수록 우리는 다른 곳만 바라보고 있지요. 한류가 전 세계를 휩쓰는 원인도 보다 섬세하게 살펴봐야 합니다. 우리나라 지식인들이 가지고 있는 강박관념 중 하나가 '메이지 유신 콤플렉스'인데 이 때문에 서양 문물을 무비판적으로 허겁지겁 받아들였고 이는 지금도 마찬가지입니다. 깊이가 있을 리 없어요. 그런 교육을 받은 사람들이 다시 교육을 하고 있고 교육을 만들고 있습니다. 또 일제 지배 36년이 남긴 큰 폐단이 전통문화의 단절인데 이 때문에 무조건 옛날 것은 안 좋은 것이고 없애야 한다는 생각을 갖게 됐습니다. 바로 일본이 원했던 것이지요.

광복 이후 신문명을 가지고 교육의 커리큘럼을 다 만든 사람들은 대개 양반이 아닌 사회적 상승욕구가 강했던 중인층들이었습니다. 빠르게 유학을 다녀오고 역사나 양반의 좋은 점 등도 다 폐기해야 한다고 주장했던 것이죠. 교육이 그래서 무서운 겁니다. 교육을 정치학적으로는 ‘인독트리네이션(Indoctrination)’, 즉 ‘교의주입”이라고 합니다. 어떤 교의를 넣느냐에 따라 완전히 달라지는데 우리는 미국의 교육(교의)을 넣었죠. 그러나 미국이 서양의 대표는 아니잖아요. 이것은 지금의 우리 사상이 갖는 한계이기도 합니다.

社會思想

고대 그리스는 서양인들의 영원한 정
적 고향입니다. 한자로 '온고이지신' 이
서양에서는 '그리스로 돌아가는 것' 입
다. 일반인들은 물론 서구의 유명 지식
들 역시 사색의 출발을 그리스로부터
작합니다. 서양세계사의 획을 긋는 르
상스는 '고대그리스 문명의 새로운 부
이라 해도 과언이 아닙니다. 근현대 철
자들은 자신들의 이론을 위한 영감을
리스의 선각자들로부터 받곤 합니다.

3/서양사상의 모태 I
그리스적 사유

고대 그리스의 사회구성

고대 그리스의 중요시대

폴리스(Polis)의 함의

직접민주제와 노예제도

폴리스 시대 그리스의 중요 사상

헬레니즘시대의 중요 사상

그리스적 사유의 특징과 함의

3/

서양사상의 모태 I
그리스적 사유

오늘은 '그리스적 사유'에 대해 알아보겠습니다. 여러분들이 좀 딱딱하게 느낄 수도 있을 것 같지만 상당히 중요하지요. '그리스적 사유'라니 참 난해하죠? 이런 제목으로 책이 나온 것은 없지만 제 나름대로 한 번 지어본 말입니다.

오늘날 세계를 지배하고 있는 서양사상의 바탕에는 무엇이 있을까요? 흔히 '비포 크라이스트(Before Christ – 약칭 B.C)'로 상징되는, 그리스도 이전 국가들의 문화가 있는데 당연한 말이지만 매우 중요합니다. 다시 말해 서양 문명과 문화를 얘기할 때 늘 인용되는 희랍, 즉 그리스 문화가 있어요. 때문에 좀 단순하게 이야기하면 '서양 사상의 밑바탕은 그리스적 사유와 기독교 문명의 교차'라고 해도 과언이 아닐 겁니다.

우리가 영향을 많이 받은 중국의 경우에는 공식적 이념으로는 유교이지만 생활 문화적으로는 도교가 훨씬 강력한 힘을 발휘해왔습니다. 중국은 일반인 뿐 아니라 지식인들의 사유에서도 큰 흐름은 다오이즘(Taoism), 즉 도교와 노장사상이 핵심 축이 되어왔지요. 물론 공식적으로는 유교였습니다. 다시 말해, 중국은 공식적으로는 유가적 관점의 공무 처리와 공식적 이데올로기로서의 유교가 있었지만 서민들의 생활방식은 다분히 '다오이즘적' 이었다고 단순화시켜 말할 수 있습니다. 도교와 유교라는 두 가지가 중국 사상의 큰 흐름이랄 수 있는 거죠.

그러면 우리는 어떨까요? 우리 사상은 신라의 화랑정신, 단군, 무당과 같은 신명나는 원형(Archetype)을 중심으로 이후 들어온 불교, 유교 등에 영향 받으며 형성됐습니다. 새로운 종교는 언제나 기층 종교와 충돌을 일으키게 마련이고 일정 부분 타협하지 않을 수가 없는 법입니다. '부모은중경(父母恩重經)' ■이라는 말이 우리에게는 있지만 이런 것들이 전통문화와 합쳐진 것이라 볼 수 있죠.

다시 본론으로 돌아와 그리스를 한 번 보도록 하죠. 그리스는 한마디로 '서양사상의 정신적 고향' 이랄 수 있습니다. 이를 상징적으로 보여준 것이 1985년 6월 개최된 '제1차 유럽문화축제' 였습니다. 유럽연합(EU)에서 주최한 것인데 여기서 그리스를 공동체의 수장으로 만장일치로 결정하지요. 이때 유럽연합을 주도하던 국가들이 대부분 프랑스, 독일, 영국, 스페인 등 흔히 말해 '잘나가는' 나라들이었습니다. 그런데도 유럽 나라들 중 가장 못사는 나라 중 하나인 그리스를 수장국가로 뽑은 거예요. 그만큼 그리스는 현재 살고 있는 지식인들 뿐 아니라 정치 리더들에게도 유럽문화의 '출발점(zero point)' 으로 여겨지고 있는 것이죠. 우리가 고속도로를 가다보면 '서울 ** Km' 라 적힌 표지판을 종종 보게 됩니다. 이게 뭘까요? 단순히 거리를 알려주는 표지판에 불과할까요? 그것은 서울의 중심을 기준으로, 모든

■ 불교경전. 부모의 은혜가 한량없이 크고 깊음을 설하여 그 은혜에 보답할 것을 가르친 경전

도로의 거리를 측정하고 있음을 알려줍니다. 파리의 경우엔 노트르담 사원이죠. 일반적인 경우에는 시청이 기준이 되는데 프랑스는 노트르담 사원을 기준으로 거리를 측정하고 따집니다. 모든 거리 측정의 기준점이 된다는 건데, 같은 맥락에서 서양 사람들의 정신적 제로 포인트가 바로 그리스라는 얘기입니다. 뒤에 다시 나오겠지만, '르네상스(Renaissance)'■라는 말도 '다시 태어나다'라는 뜻인데 어디로 다시 태어나느냐하면 이것이 바로 그리스라는 겁니다. 원점, 제로 포인트가 되는 그리스로 다시 돌아간다, 그 정신으로 다시 태어난다는 거죠. 그만큼 서양 사상에 있어 그리스는 매우 중요한 곳입니다. 그리스에 대해서는 억지로라도 한 번쯤 정리해볼 필요가 있는 것이죠.

고대 그리스의 사회구성

고대 그리스는 '에게 문명'■■에서 출발합니다. 그리스를 둘러싸고 있는 에게해는 서양에서는 상당히 오래되고 중요한 문명의 발상지이기도 합니다. 흔히 우리가 알고 있는 4대문명 발상지에는 에게 해가 들어있지 않죠. 여기에 불만을 가진 사람들도 있는데 대표적인 이들이 아프리카 사람들입니다. 이들은 통상 얘기되는 4대문명 발상지에 대한 이론을 받아들이지 않습니다. 아프리카인들은 인류의 시조가 아프리카인들이라고 보는데, 이는 요즘 거의 정설로 받아들여지고 있기도 하죠. 즉 인류가 아프리카에서 가장 먼저 생겨나 이후 유럽, 아

■ 14~16세기에 서유럽 문명사에 나타난 문화운동

■■ BC 3000~2000년대 지중해 크레타 섬, 그리스 본토, 소아시아의 일부 지역에 걸쳐 형성된 문명. 14~16세기에 서유럽 문명사에 나타난 문화운동

시아 등으로 뻗어나가고 알래스카를 넘어 북미와 남미까지 갔다는 설입니다. 아프리카인들이 무척 자랑스럽게 여기는 부분이죠. 하지만 이때 고급문명은 발견되지 않았고 이후 이집트 문명에 묻혀버립니다. 그런데 이집트 문명을 강조하고 앞세우는 사람들은 서양 중심의, 주로 서양의 고고학자들이었죠. 그러니 아프리카인들이 반발하는 겁니다.

아무튼 이 에게문명의 중심지는 크레타였습니다. 청동기 시대에 번영해 도기, 조각, 벽화 등 미술 활동이 활발했죠. 특히 조각이 뛰어났는데 여기엔 눈부시게 파란 하늘 등 그리스 천혜의 자연환경이 좋은 영향을 끼친 것으로 보입니다. 조각의 선이 드러나려면 파란 하늘의 배경이 있어야 하는데 파리처럼 우중충한 도시에서는 선이 잘 나오지 않지요. 여러분도 가보시면 아시겠지만 불상 또한 태양 광선의 각도에 따라 음영이 달라집니다. 우리나라도 자연환경으로는 남부러울 게 없는데, '서산 마애불'■ 가보셨나요? 가보면 태양의 각도에 따라 모습이 달라지는 것을 확인할 수 있습니다. 여기서는 관광객들에게 백열등을 가지고 각도를 달리해서 불상을 비춰주는데, 이 각도에 따라 불상의 미소가 달라져요.

그리스에는 또한 산이 많습니다. 그래서 신화가 많지요. 그리스에는 아기자기한 신(神)이 많고, 또한 신 한 명 한 명에게는 저마다 인간의 소망이 투영되어 있습니다. 이처럼 산이 많은 그리스의 자연환경은 다신교적인 문화에 영향을 주었죠. 흔히 산이 많은 곳에서는 절대신, 유일신 문화가 나올 수 없다고들 하지요. 환경적으로 그렇습니다. 모든 산마다 신이 다 있는 것이니까요.

■ 충남 서산군 운산면 용현리 산 속에 있는 백제 말기(7세기 전반)의 마애불. 동쪽으로 면한 화강암 암벽을 파서 조각한 3존상으로 백제의 미소를 머금고 있는 것으로 유명하다.

고대 그리스의 중요시대

그리스의 중요시기를 3개로 나누는 사람이 있는데, 여기서는 2개로 요약해 도시국가 시대와 헬레니즘 시대로 나누어보겠습니다.

그리스의 본토적인 생각은 도시국가 시대의 산물입니다. 우리가 흔히 알고 있는 그리스 문화와 사상이 이 시대, 도시국가 시대의 사상가들의 산물이며 이는 곧 서양 철학사의 바탕이 되기도 합니다. 도시국가 시대를 BC 8세기부터라고 당겨보는 이들도 있지만 일반적으로는 BC 6세기부터라고 봅니다. 이때 알렉산더 대왕의 아버지 필리포스가 그리스 본토를 통일시키는데 이때부터 도시국가가 만들어집니다. 통일 이후 아테네와 스파르타가 서로 전쟁을 치르게 되는데 이때 아테네가 주도권을 잡으면서 도시국가는 더욱 위세를 떨치게 되죠.

'헬레니즘 시대'는 알렉산더 대왕(Alexandros the Great, BC 356~323)이 페르시아 원정을 시작한 BC 334년부터 로마의 옥타비아누스(Augustus, BC 63~AD 14)에 의해 동부 지중해가 로마의 지배하에 들어간 BC 30년까지의 약 300년 동안을 말합니다. 이 시대에는 그리스 문화와 오리엔트 문화■의 융합에 의해 그리스문화가 세계화되었고, 정치적으로는 그리스적 이념이 쇠퇴해버립니다. 사상적으로 상당한 변화가 있었던 시기라고 볼 수 있죠.

■ 이집트 문화와 메소포타미아 문화가 융합된 문화

폴리스(Polis)의 함의

고대 그리스에서는 '폴리스(polis, city state)'의 의미가 굉장히 중요했습니다. '폴리스'는 그리스인들에게 '그리스의 기적'이라고 표현됩니다. '신이 물질적으로는 밀을 주었듯이 정신적으로는 폴리스를 주었다'고 할 정도죠. 그만큼 그리스인들이 소중하고 중요하게 여기는 폴리스가 가진 정치적 의미는 물론이고 그 사회적 의미 또한 알아야만 '그리스적 사유'라는 것도 좀 더 깊은 이해가 가능하겠지요.

폴리스는, 적게는 20만에서 많게는 50만 정도 되는 인구를 단위로 나뉘었습니다. 그러니 여기서는 이른바 '직접민주정치'라는 게 가능했는데 이는 조그만 도시국가가 갖는 가장 큰 함의이기도 합니다. 직접민주주의는 일정 수준 이상의 규모에서는 이루어질 수 없습니다. 노자(老子, ?~?)도 '작은 국가가 이상적'이라고 한 바 있듯 직접민주주의를 하려면 규모가 일정 수준을 넘어서면 안 되죠. 그런데 이것이 실제로 구현됐던 것이 폴리스이기도 합니다.

그리스인들은 폴리스 바깥(외부세계)에 대해서는 인정하지 않았습니다. 흔히 문화인류학이나 사회학에서 말하는 '자민족중심주의(ethnocentrism)'라는 것이죠. '자기 문화(ethno)'가 '최고이며 중심(cetrism)' 이라는 '자문화중심주의'입니다. 이러한 그리스적 사유의 성향은 이후 서양의 자문화중심주의의 원형이 됩니다.

그리스인들에게 폴리스는 사회생활의 '공기'와 같은 것이었습니다. 이것 말고는 인간이 인간다워질 수 있는 공간이 없다고 보았습니다. 이는 매우 중요한 의미를 갖는데요, 서양 사람들은 기본적으로 '아나키즘(anarchism)'▪ 성향이 아닙니다. 이후 도시국가가 망한 뒤에는 달라지지만 그 전만큼은 인간이 동물과 구분되는, 아리스토텔레스의 표현에 따르면 '사회적 동물'로서의 인간이 더불어 살아가는 단위는 의심의 여지가 없이 '폴리스'였다는 겁니다. 이는 서양 사람들 특유의 '공적 의식'과도 연결됩니다. 서양 사람들이 공공질서나 공중도덕 의식이 상대적으로 더 강한 편인데 이런 성향 또한 이와 연결된다고 볼 수 있죠.

아리스토텔레스는 '인간들의 무리에도 동물적 무리가 있다'고 했습니다. 그러면서 '가족'을 '동물적'이라고 했죠. 또 사회학적으로 말하면 2차적 관계로 모인 도회지, 즉 시장으로 상징되고 적자생존의 법칙으로 작동하는 도시는 인간이 모인 가장 '동물적인 집단'이라고도 했습니다. 여기에는 이성은 없고 저급한 욕망과 이해관계만이 존재한다고 했어요. '가족'과 '도시'가 인간을 피폐하게 하는 '동물적 집단'이라는 말이지요. 이는 주목하고 기억해둘 만한 말입니다. 우리는 요즘 다시 '가족주의(familism)'로 가고 있지요. 아리스토텔레스의 말을 인정한다면, '동물집단'주의로 가고 있다는 말이 됩니다. 그런데 일례로 세계 4대 성인으로 일컬어지는 분들 가운데 가족 있는 사람이 있었나요? 없습니다. 예전 프랑스에서 한 여성학자가, '석가는 에고이스트'라고 말하는 걸 들은 적 있습니다. 상당히 적나라한 표현이죠. 석가는 16세에 결혼해 29살에 자식을 낳았는데, 이 때 자식 이름을 '라울라'라고 지었어요. '장애'라는 의미를 가진 이름이죠. 자신이 진리를 얻고자 수행하는 데 장애가 된다는 의미입니다. 그리고는 정말로 가정을 버리고 출가를 했어요. 예수(Jesus Christ, BC 4?~AD 30)도 공식적인 결혼은 안했고 공자, 맹자도 결혼은 했지만 마누라와

■ 모든 정치조직 및 권력을 부정하는 사상, 혹은 운동으로 흔히 '무정부주의'라고 일컬어진다.

백년해로 못했죠. 이전에는 성인들을 모독하는 말들이라며 금기시됐지만 요즘은 이런 이야기들이 하나씩 둘씩 나오고 있습니다. 맹자가 아내를 구박했다는 이야기도 나오고요.

'수신제가치국평천하(修身齊家治國平天下)'■에서 '제가'를 다시 생각해봐야 합니다. '제가'가 뭘까요? 이 말을 순서 개념으로 풀이해야 할까요? 제가 아까 말한 세계 4대 성인들은 모두 '제가'를 뛰어넘었죠. '제가'의 개념은 불분명합니다. 자칫하면 평범한 '홈 스위트 홈' 주의자가 돼버리죠. 이건 무엇을 의미할까요? 아리스토텔레스가 '중용'을 이야기했지만, 인간의 집합체 중 '가족'을 '동물적인 것'으로 바라봤다는 사실을 잘 기억해둘 필요가 있습니다.

직접민주제와 노예제도

흔히 가장 이상적인 민주주의 제도를 '직접민주제'라 합니다. 하지만 그리스의 직접민주제에도 모든 사람이 다 참여한 것은 아닙니다. BC 430년 그리스의 역사가이자 장군이었던 투키티데스(Thukydides, BC 460? ~ BC 400?)의 보고에 의하면 당시 아테네 인구는 노예까지 포함해 모두 약 22만 명이었는데 선거를 위해 아고라 광장에 모인 시민은 유권자 3만 9천 명 중, 약 5천 명에 불과했다고 해요. 이렇듯 모두가 참여한 것은 아니지만 그럼에도 서양 사람들은 이러한 그리스의 직접민주제 전통을 굉장히 자랑스러워합니다. 페르시아와 인도를 예로 들며 동양은 자신들과 정반대였다고 주장하면서 말이죠.

■ 송나라 성리학자 주자의 〈대학〉에 나오는 말로, 몸과 마음을 닦아 수양하고 집안을 가지런하게 하며 나라를 다스리고 천하를 평한다는 의미.

여담이지만, 그런 측면에서라면 우리 전통 중 '화백제도' 만큼 확실한 것도 없다는 얘기도 있죠.

그리스의 찬란한 문명은 '노예제' 를 바탕으로 이루어진 것입니다. 익히 알려진 그리스의 찬란한 문화와 사상 등은 모두 노예없이는 불가능했던 것이죠. 그만큼 거의 모든 그리스의 문물은 노예제도를 바탕으로 생산됐고 또 이를 통해 사회가 굴러갔습니다. 노예는 그리스 문명의 물적 토대이자 노동력이었고 거기서 잉여가치가 생산됐습니다. 역설적이지만 민주제도라는 것도 노예가 있었기에 가능했던 것이죠. 그러나 노예들에겐 인권이란 게 없습니다. 그저 생산수단이고 잉여가치로 취급될 뿐이죠. 누구도 여기에 의문을 갖지 않았습니다. 심지어 아리스토텔레스조차 노예제도를 자연스러운 것으로 봤습니다. 영화를 보면 이따금 노예의 반란 같은 이야기가 나오지만 현실에서는 달랐죠. 누구도 노예제를 논쟁의 대상으로 삼거나 수정해야 한다고 주장하지 않았습니다. 그 시절에는 전쟁이 잦았고, 전쟁이 일어나면 패한 쪽 사람들을 노예로 만들었으며 이 노예들은 시민과는 상관없는 존재로 취급됐습니다. 결과적으로 그리스 문화와 문명은 '노예제' 위에서 세워진 것이며 민주제 역시 그렇다고 볼 수 있습니다. 아이러니죠.

폴리스 시대 그리스의 중요 사상

1. 정치 체제에 대한 사상

고대 그리스에는 이미 '정치체제'에 대한 기본적인 사고 원형들이 논의되고 있었습니다. 헤로도토스(Herodotos, BC 484? ~ BC 425?)는 기원전 522년에 일어난 한 정치적 모반 사건에 연루된 페르시아인 세 사람이 말한 이상적인 정치체제에 관해 소개한 바 있습니다. 한 사람은 이미 아테네인들이 구상한 민주제와 유사한 '동등지배(Isonomia)', 즉 '법 앞의 평등'을 주장했고 또 한 사람은 소수의 엘리트가 지배하는 과두제를 주장했으며, 마지막 사람은 군주제를 주장했지요. 기원전 7세기 경 대부분의 정권은 군주제의 잔재 등이 혼합된 과두제를 채택하고 있었습니다. 특히 스파르타는 영원한 계엄 상태와도 같은 정치가 지속되었는데, 이후 아테네가 도시국가의 주도권을 잡으면서 민주제가 부상되었습니다. 이후로 아테네는 민주주의의 상징이 되었죠. 물론 아테네도 귀족제, 참주제, 민주제 순으로 변화했다는 걸 얘기해둡니다.

그러면 민주주의와 반대되는 반민주적 사상에 대해 한 번 알아볼까요? 이 반민주적 사상은 서양사에 나타난 집단주의적 사상들의 원류가 됩니다. 이는 상인이나 선박제조업자, 도시하층민들의 이익에 유리한 정치를 싫어하던 귀족이나 지주들이 선호했습니다. 반민주적 사상의 대표적인 철학자로는 플라톤(Plato, BC 428~347)을 들 수 있겠죠. 그는 소크라테스(Socrates, BC 470~399)의 제자로 소피스트들에 반대했습니다. 소피스트는 이른바 '궤변론자'로 불리기도 하는데 본래는 인간의 지혜와 덕이 진리 발견을 위한 중요한 기준이라고 주장하면서 '인간이 만물의 척도'라는 입장을 가진 사람들을 가리킵니다. 하지만 시간이 지나면서 이들 중 희한한 궤변으로 순진한 젊은이들을 현혹하거나 지식을 돈벌이 수단으로만 이용하는 소피스트들이 나타났지요. 그래서 소크라테스 뿐 아니라 플라톤도 이들을 '참된 철학자'가 아니라며 비난했습니다. 하지만 기본적으로 소피스트들은 서구 사상의 중요한 흐름이 되죠.

플라톤은 아테네 명문가의 자손으로, 원래는 정치에 입문하고자 했지만 두 가지 사건 때문에 이를 포기합니다. 하나는 자신의 삼촌이 폭정에 개입됐다는 사실을 알게 됐을 때이고 또 하나는 유명한 일화처럼 자신의 스승 소크라테스의 죽음을 보고 민중에 대한 모든 기대를 접어버리게 됐을 때입니다. 특히 플라톤은 소크라테스를 시기하던 다수 소피스트들에 의해 스승이자 현자인 소크라테스가 인민재판을 당하고 죽게 되는 걸 목격하고는 이상적인 질서를 도모하고 진리를 탐구하는 데 있어 민주주의는 아무런 도움이 안 된다고 결론을 내리게 됩니다. 그는 이 사건으로 민주주의를 소피스트들의 통치로 받아들이게 되는데, 이때 그에게 소피스트는 사람들을 일깨우는 대신 자신의 탐욕을 도덕적 가치로 삼고 모든 것을 과학으로 판단하려 하며 선악과 도덕의 기준도 인간에게 즐거움을 주는가의 여부로만 판단하는 사람들로 여겨지게 됩니다. 그리고 국가는 엘리트, 즉 지혜가 있는 사람, 다시 말해 철학하는 사람들이 지배해야한다는 결론을 내리게 되죠. 그 유명한 '철인왕(哲人王)', 즉 철학자가 왕이 되어야한다는 주장입니다. 그는 「국가론」(BC375)'을 발표하면서, 정치와 도덕은 분리될 수 있는 게 아니며 정치를 경험주의에서 해방시켜 영원한 진리에 연결시켜야 한다고 주장합니다. 또한 진리는 현상 배후의 이데아에 있고, 프로타고라스(Protagoras, BC 485? ~ BC 414?)■가 기존 민주제를 정당화하기 위해 주장한 상대주의와 진화를 반대했으며 국가의 주된 문제를 개인적-집단적 정의로 규정합니다. 또 지도자들은 결혼을 하지 말아야 하며 사유재산도 허용되선 안되다고 주장하며 도덕성을 강조했죠. 플라톤의 국가론은 아테네의 대안적 사회를 주장하기 위한 것이었으나 지나치게 이상적이었습니다. 20세기의 정치학자 콘하우저(W. Kornhauser, 1925~)가 미국 민주주의를 분석하면서 '대중민주제가 잘못되면 독재, 전제주의로 갈 수 있다'는 결과를 발표한 바 있는데 이는 플라톤의 사상과 일맥상통합니다. 플라톤은 개인과 집단(국가)에는 3가지 구성 요소가 있다고 보았고 개인은 '이성'과 '고귀한 열정과 기개', '저급한 욕망'이라는 3가지로 구성되는데 이것이 집단에도 똑같이 존재한다고 보았죠. 특히 집단에서 '이성', 요즘 식으로 말해 '집단지성(collective intelligence)'이 잘 발휘되면 바람직한 국가가 될 것이라고도 했습니다. 그러나 사상은 이해관계와 밀착돼 있습니다. 이해관계가 없는 사상은 없지요. 사상과 생각, 느낌 등은 저마다 자신의 이익이나 이해, 관심 등과 엮이게 되고 비슷한 사람들끼리 모이게 되며 이에 따라, 즉 이해관계에 따라 상부구조를 선택하게 됩니다. 인간에게 '중립'이란 말은 있을 수 없죠. 자신의 몸과 마음에 맞는 적당한 군중, 즉 '굿 매스(good mass)'를 선택하게 마련입니다. 결국 지도자가 되려면, 국가 전체의 이성과 정의(justice)를 실현할 수 있는 사람, 사적이거나 저급한 욕망을 줄일 수 있는 사람이어야 한다는 관점입니다. 원시사회에서는 가장 우두머리가 사냥할 때는 가장

■ 최초의 소피스트라 불리는 고대 그리스의 철학자. '인간은 만물의 척도'라는 말로 진리의 주관성과 상대성을 주장했다.

앞에 섰고, 먹을 때는 가장 마지막에 먹었다는 점을 떠올려 볼만 하죠.

그럼 이번엔 아리스토텔레스의 민주제적 사상을 살펴볼까요? 아리스토텔레스는 민주제적 사상가로 대변됩니다. 그는 정치적 평등, 즉 '법 앞의 평등(Isonomia)' 과 공공의 일에 평등하게 참여하는 '권력의 평등(Isogoria)' , 그리고 '사회적 평등(Isocratia)' 을 주장합니다. 그가 말하는 '사회적 평등' 이란 요즘 말로 하면 '복지' 입니다. '극빈자들에 대한 공적인 부조' 로서, 폴리스 안의 구성원들이 똑같이 책임을 가져야 한다는 관점이죠. 물론 여기에서 노예는 빠집니다만, 이는 극빈자들을 돕는 것을 '시혜' 로 보는 것이 아니라 당연히 그들이 받아야 할 사회적 권리로 보는 입장입니다. 요즘으로 보면 상당히 좌파적이고 사회주의적인 주장이라 할 수 있죠. 그런데 그리스의 대표적인 민주주의자인 아리스토텔레스가 이를 주장했다는 점은 주목할 만합니다. 그러나 이런 사상은 영국을 거쳐 오늘날 서양의 민주주의에서는 자유주의, 자본주의 등과 맞지 않다는 이유로 상당히 시혜적인 것, 즉 베풀어주는 것처럼 성격이 변하죠.

알렉산더 대왕의 스승이기도 한 아리스토텔레스는 현실을 부정적인 것으로 보고 훨씬 더 이상적이며 궁극적이고 본질적인 '이데아' 의 세계를 추구했던 플라톤과는 생각이 달랐습니다. 오히려 그는 '현상계가 본질을 드러낸다' 고 보고 '현실' 을 매우 중요시 여겼습니다. 또한 그는 '인간은 정치적 동물' 이라면서도 다른 정치체제의 존재를 인정했습니다. 그는 군주정과 폭군정, 귀족정과 과두정, 공화정과 민주정 등 6가지 정부 형태를 얘기했는데 이는 군주제가 잘못되면 폭군정치가 되고, 귀족정치가 잘못되면 과두제가 되며, 공화정이 잘못되면 민주제가 된다는 말이기도 합니다. 그는 민주제를 '덕과 규율이 없는 다수의 통치'라고 하면서 공화정이 타락하면 나타나는 것으로 보았습니다. 여기서 말하는 '덕'은 큰 '덕'자로, 대승적인 차원에서 소소한 이기적인 욕망을 줄이고 개인적인 이해관계를 넘어서는 공적 개념으로, '공공생활'을 강조하는 말입니다. 참고로 '덕'의 반대말은 '에고'(개인)라 할 수 있지요. 하지만 일반 서민들은 살기가 바빠 공적인 일을 처리하는 과정에서 이해관계에 따르게 되므로 그들이 선택한 것에는 마땅한 것이 없다는 것이 그의 생각이었습니다. 그는 중간계급, 즉, 일반인들에 기초한 헌법에 의한 정치체제를 선호했고, 귀족제와 민주적 원리를 결합하려 했습니다. 플라톤과는 달리, 다수를 신뢰한 편이랄 수 있습니다.

좀 다른 얘기지만 동양의 성인으로 추앙받는 공자와 맹자도 요즘으로 보면 사회주의적 입장의 말을 굉장히 많이 했습니다. 맹자는 '항산항심(恒産恒心)', 즉, 일정한 재산이 있어야만 일정한 마음을 유지할 수 있다고도 했는데 굉장히 유물론적 입장이죠. 하지만 누구도 맹자를 공산주의자나 유물론자라고 보진 않습니다. 공자 또한 논어에서 '부자가 교만하지 않기는 쉽지만, 가난한 자가 원망하지 않기는 어렵다'고 했습니다. 이는 사회적 불평등에 관한 말이기도 합니다.

2. 존재와 변화에 대한 철학적 사유

그리스 시대에는 존재와 변화에 대한 철학적 사유가 상당히 깊이 논의되었습니다. 우선 불변하는 존재에 대한 사유, 엘레아학파에 대해 살펴보죠.

끊임없이 변화하는 자연현상의 본질이 뭘까요? 초기 자연철학은 우리를 둘러싸고 끊임없이 변화하는 바깥 대상(자연)에 대한 인식과 이를 뛰어넘어 불변하는 '본질'에 대해 주로 관심을 가졌습니다. 탈레스(Thales, BC 624~545)에서 데모크리토스(Democritos, BC 460? ~ BC 370?)로 이어지는 사상은 변화하는 현상 속에 불변하는 진리가 있을 것이라는 믿음에서 출발합니다. 엘레아학파는 기원전 6세기 후반에서 기원전 5세기 사이 고대 그리스의 식민지 엘레아에서 발흥한 것으로, 소크라테스 이전의 철학 학파입니다. 이 학파의 진정한 창시자는 소크라테스에게 영향을 끼친 것으로 알려진 파르메니데스(Parmenides, BC515?~BC445?)인데 어떤 책에는 콜로폰의 크세노파네스(Xenophanes)라는 설도 있습니다. 파르메니데스는 '사유와 존재는 일치한다'고 주장했는데, 즉 사유의 대상이 되는 존재는 눈에 보이지 않고 영원히 불변하지 않는 어떤 부동의 존재, 즉 '변화하지 않는 확실한 본질'에 근거를 둔 것이라고 봤습니다. 그는 또한 "존재만이 있다. 무는 불가능하며 생각할 수 없다"면서, "존재는 생성되지도 소멸되지도 않고 영원하다"고도 했죠. 이는 플라톤과 이후 존재론으로 유명한 하이데거(M. Heidegger, 1889~1976)에 이르기까지 큰 영향을 주게 됩니다. 하이데거는 '그가 없었다면 소크라테스도 플라톤도 없었다'고 할 정도로 높이 평가했죠.

한편, '사람은 같은 강물에 두 번 들어 갈 수 없다'는 말로 유명한, 만물은 유전한다는 입장의 헤라클레이토스(Heraclitus, BC 540?~BC 480?)도 있습니다. 그는 세상 모든 것은 똑같은 것이 없고 항상 바뀐다는 입장을 취합니다. '변화'가 만물 세계의 '본질'이며, 변화하는 자연을 보편적 운동 법칙인 로고스로 설명하려 했습니다. 그에 의하면 만물의 생성과 소멸은 대립물의 통일과 투쟁에 근거하는데, 여기에 헤라클레이토스 변증법 이론의 핵심이 들어있죠. 즉, 그는 역사상

최초로 대립물의 투쟁을 사물의 운동과 변화의 원인으로 간주한 것입니다. 그의 이러한 사상은 서양 변증법의 토대가 되며, 헤겔(G. Hegel, 1770~1831), 니체(F. Nietzsche, 1844~1900) 등에 영향을 미칩니다.

이렇듯 존재와 철학에 대한 연구는 '변하지 않는 것', 또는 '변화하는 것'과 같은 주요 관심과 초점에 따라 시대별로 다르게 연구되었고 이것은 후세에도 영향을 미치게 되었죠.

헬레니즘시대의 중요 사상

도시국가는 BC 323년, 알렉산더대왕의 사망과 함께 급속하게 쇠퇴하기 시작했습니다. 이후 알렉산더 대제국은 마케도니아, 시리아, 이집트의 세 왕국으로 갈라졌고 야만인과 그리스 인의 교섭이 증대되었으며 그 결과 그동안 그리스 문물의 소여(당연하게 주어진 것)로 수렴되었던 폴리스 우위의 사상이 이상하고 낯선 것이 됩니다. 도시가 변질되기 시작한 거죠. 대신 개인 중심적이면서 한편으론 전 세계적 사상이 부상하게 됩니다. '정의를 구원하고 실현할 최상의 공간'이라고 믿었던 공식적이고 정신적인 울타리였던 폴리스가 약해지고 제대로 된 역할을 못하자, 개인은 각자 행동으로 나아가 생존할 수밖에 없게 된 거죠. 그래서 '안심입명(安心立命)'이나 '개인주의 진리 탐색'이 헬레니즘시대의 핵심 사상이자 키워드가 됩니다. 이러한 사상의 흐름이 스토아학파에서 에피쿠로스학파, 회의학파까지 연결되죠.

스토아학파

스토아 학파는 한 마디로 '금욕주의' 입니다. '행복의 추구' 를 '욕망에서 해방' , 즉, 아파테이아(apatheia)■라고 부르는 무정념의 부동심을 얻는 것으로 본 것이 그들의 이상입니다. 반자연적인 욕망에서 벗어나 자연, 본성(이성)에 따라 살아가는 것이 이상적이라는 입장입니다. '덕' 은 이성적 본능에 따라 사는 것입니다. 그들은 욕구를 줄이면 만족이 늘어난다고 합니다. 이러한 '금욕주의' 는 기독교에도 많은 영향을 주게 되죠. 또한 '인간은 그리스인이나 이방인 관계없이 자연의 법에 의한 신의 후예' 라고 생각하고 '관습으로 내려온 법' 을 '신이 내린 계시' 라고 생각할 정도로 매우 중요시 여기며 따릅니다. 그들이 소크라테스를 중요한 성인으로 간주하는 이유도 법정태도, 탈옥거부, 평정한 죽음 등을 이유로 드는데 이는 이후 서양의 엄격한 법질서에도 영향을 미칩니다.

에피쿠로스학파

에피쿠로스학파는 '행복의 추구는 쾌락의 추구' 라고 합니다. 그러나 많은 사람들의 오해처럼 단지 신체적 쾌락만을 의미하는 게 아니라 이를 넘어 선 '자의식의 자유' 를 추구하죠. 즉, 욕망이 끝난 정적인 쾌락을 강조한 것입니다.

그럼 여기서 한 가지 질문을 해 볼게요. '욕망' 과 '욕구' 의 차이가 뭘까요?

■ 모든 정념(情念)에서 해방된 상태를 가리키는 말로 스토아학파의 핵심 사상

노자는 '욕망'은 '자연스럽지 않다'고 했습니다. 이 말은 '욕구(need)'는 자연스러운 것이란 얘긴데 배가 고프면 밥이 먹고 싶어지는 것처럼 '결핍되어 원하게 되는 것'이란 의미입니다. 지극히 당연한 것, 자연스러운 것이죠. 반면 '욕망'은 인위적인 것입니다. 욕망은 사회적인 것이며, 비본질적이고 후천적이며, 좌절되거나 금기된 것입니다. '식자우환(識字憂患)'이라고도 하죠. 욕망은 '배우게 되는 것'이고 '조작되는 것'입니다. 사실은 지식을 배워서가 아니라, 욕망을 배워서 우환이라는 것입니다. 이렇게 의미를 확대해서 해석해야 자본주의에 대한 비판도 자연스러워질 수 있습니다. 마르크스는 '욕망은 사회적으로 조작된다'고 한 바 있습니다. 우리가 커피를 언제부터 이렇게 마셨나요? 처음 나왔을 때 우리는 '이렇게 쓴 걸 왜 먹느냐' 했습니다. 그런데 요즘은 젊은이들 뿐 아니라 거의 모든 사람들이 맛있다고 마시죠. 처음부터 먹었던 게 아니라 후천적으로 배워서 마시고 있습니다. 이렇듯 지금 우리가 살고 있는 자본주의는 이러한 '비본질적인 욕구'들을 자극시켜야 유지될 수 있기도 합니다.

한 가지 개인적인 이야기를 들려드릴게요. 프랑스 유학 시절 이야기입니다. 한 거지가 음식점에 들어오더니 쿠폰 하나를 달라더군요. 그런데 서로 주려고 하더군요. 또 그 거지가 오랫동안 음식을 먹고 있어도 아무도 뭐라고 하질 않아요. 카페에서도 마찬가지였어요. 한 카페에 남루한 거지가 들어와 아무 것도 주문하지 않고 그대로 몇 시간이고 앉아 있어도 아무도 나가라고 하질 않습니다. 뭐 하냐고 하니까, 글을 좀 써야 한다 하더군요. 그렇게 몇 시간째 앉아있어요. 매우 충격적이었습니다. 우리나라에서는 상상도 못했던 일이었어요. 또 줄서있을 때도 거지들이 중간에 끼어들어 논리에 안 맞는 이야기를 하며 말을 걸어도 아무도 인상을 찌푸리거나 이야기를 거부하지 않더라고요. 거기서는 거지의 남루함에 대해서 존중하고 용납해주었어요. 너무나 부러웠습니다. 하지만 여기에 자본주의 논리가 적용되면 '거지는 거지' 일 뿐이죠. 더 이상 논의할 가치가 없어지는 거죠.

회의학파(懷疑學派, skeptikoi)

퓌론(Pyrrhon, BC360-270)은 데모크리토스 학파의 철학자 아낙사르코스 (Anaxarchos)에게 배우고 인도의 수도자들과 접하며 그들의 부동한 마음에 감명 받습니다. 그는 사람들의 모든 판단은 오류의 가능성을 가지고 있으므로, 따라서 판단을 중지(Epoche)하고, 무관심과 평정(ataraxia)이 필요하다고 주장했죠. 하지만 실생활에서는 관습과 법을 따라야 한다고도 했습니다. 데모크리토스는 원자세계와 감각을 구분하여 감각의 지각으로는 세계를 파악할 수 없다고 하며, 진리는 공허하고, 자연에 대해선 환상적인 지식 밖에 없다고 합니다. 따라서 그대로 앉아 있는 것이 최선이라고 주장하기도 했죠.

그리스적 사유의 특징과 함의

마지막으로 그리스적 사유의 특징과 의미를 정리해봅시다. 완전히 제 주관적 관점에서 정리한 거니 참고해주시기 바랍니다.

먼저, 다신교, 일신교, 과학적, 철학적 특징을 차례차례 띄는 인식의 변화입니다. 앞서 이야기 했듯 그리스는 자연환경이 참 좋습니다. 산도 많고 하늘도 참 파랗죠. 이러한 자연환경이 다양한 신을 믿는 '다신교'와 '신화적 사고'를 만들었습니다. 산이 하나가 아니고 여러 개고 각각마다 신이 있다고 믿으니 신도 하나가 아닌 여러 개가 된 거죠. 또한 그리스의 신들은 인간과 참 닮아있습니다. 인간의 소망이 투영되어 있고 희로애락이 있어요. 이는 기독교에서 말하는 신과는 참 많이 다르죠.

어떤 사람은 산이 많으면 다신교가 나오고, 광야에서는 절대신(일신교)이 나온다고도 합니다. 그래서 산이 많은 그리스는 신화가 많고, 다신이 나오는 배경이 되는 겁니다. 하지만 이러한 다신교적, 신화적 사고가 정확하지 못하다는 인식에서 벗어나기 위해 나오는 것이 탈레스로부터 데모크리토스에 이르는 이오니아학파의 '자연철학'입니다. 신비한 것이 해와 달에 있는 것이 아니고, 더 근원적인 것, 좀 더 본질적인 것을 찾자는 것입니다.

19세기 사회학의 시조 오귀스트 콩트(A. Comte, 1798~1857)는 지식(인류 역사)의 3단계를 주장한 바 있습니다. 그는 사회학이라는 말을 처음 한 사람으로, 인류의 '관념의 변화'가 사회 변동을 이끌어 간다고 주장하기도 했어요. 그가 말하는 지식의 3단계는, 첫 번째 신학적 단계(모든 것을 신으로 설명하는)이고, 두 번째는 형이상학적 단계(자연법적 사상)이며 마지막은 실증주의, 과학적 단계입니다. 이것의 소박한 원형이 그리스적 사유의 변화 과정에서도 볼 수 있는 것이죠. 그러니 모든 것이 그리스에 있었다고도 말할 수 있는 겁니다.

두 번째는, 폴리스에 좌우되는 사유입니다.

그리스 사유의 중요한 바탕이 되는 것이 '폴리스'라고 강조한 바 있습니다. 폴리스가 없는 고대 그리스는 상상할 수 없습니다. 폴리스는 그리스인들의 사회생활의 기본적 요건이었으며, 그들은 폴리스 속에서 사고하고 생활하였습니다. 폴리스는 인간이 동물과 구별되는 기초로서 서양인들이 중시하는 '공적영역'의 상징이기도 했습니다. 따라서 이러한 폴리스가 견고할 때와 붕괴되고 난 후의 생각(사유)의 변화는 필연적입니다. 이와 관련된 서구의 민주주의, 언론의 자유 등 중요 키워드는 모두 그리스의 폴리스에서 비롯됩니다.

셋째는 법의 신성성과 로고스에 대한 믿음입니다.

고대 그리스인들에게 있어 법은 자연스러운 것이었습니다. 관습에서 잉태되어 그 자체로 신성한 것이었어요. '악법도 법'이라는 말도 이러한 관점에서 나왔죠.

서양 사람들은 법을 굉장히 존중합니다. 법철학에서는 일반적으로, '존재'와 '당위'에 대해 설명하고 있습니다. "'있음'이 '있어야 되는 것'을 낳게 한다", "있음이 있게 한다"는 등의 입장이죠. 즉, '존재가 당위를 낳게 한다'는 겁니다. 이것이 법철학의 가장 초보적인 형태입니다. 관습법도 마찬가지죠. '있어 왔으니까 그대로 있어야 한다', '거기 있었으니까 그대로 있어야 해' 하는 겁니다. 우리도 헷갈리는 사례가 있다고 하면 '관례를 한 번 봅시다' 해서 관례를 보잖아요. 그것이 기준이 되기도 합니다. 이러한 것을 바탕으로 이론을 세워 만든 것이 실증법이죠. 또한 그리스인들은 자연철학을 통해 이치를 따져보고, 세계를 움직이는 이상적이고 추상적인 법칙, 이른바 '로고스(logos)'가 있다고 믿었습니다. 이러한 법의 신성성과 로고스에 대한 믿음이 계속 되풀이되어 서양 지식인들에게 영향을 끼칩니다.

네 번째는 소피스트와 수사학입니다.

교역과 민주정치가 발달했던 그리스에서는 끊임없이 자신의 의견을 개진하거나 설득하기 위한 '웅변술'과 '수사학'이 발달합니다. 문화의 바탕이 농업보다는 교역이었고, 특히 수사학을 굉장히 강조했지요. 자신의 의견이나 주장이 타당하다는 것을 증명하고 설득하기 위해 끊임없이 이야기하는 것입니다. 서양 사람들의 중요 특성인 언술의 기술은 고대 그리스에서 비롯된 것입니다. 실제로 서양 사람들이 가장 견디기 힘들어 하는 것이 '말하지 않는 것'이라 합니다. 그들은 끊임없이 이야기해야 합니다. 자신들이 아는 것이면 그것을 표현하고, '이야기' 하는 것이 당연한 거라고 생각합니다.

이러한 그리스의 토론문화는 '말을 많이 하면 사기꾼이다', '침묵은 금이다', '참으로 아는 사람은 말을 하지 않는다' 등 '침묵'을 강조하는 동양과는 참 많이 다르죠? 공자는 '교언영색이 선의인(巧言令色鮮矣仁)'이라 했습니다. 이 말은 '말을 유창하게 잘하고 얼굴을 잘 꾸미는 사람치고 선한 사람, 인자함을 가진 사람이 드물다'는 뜻입니다. 이것이 동양사상입니다. 세속적인 것은 이야기해야 하지만 깊은 진리는 말을 넘어선다는 것이죠. 실제로 우리나라 사람들은 말하는 것을 낯설어하고 또한 말을 잘못해온 경향이 있습니다. 물론 요즘은 다르지요, 요즘 젊은 친구들이야 말을 워낙 잘하지요?

다섯 번째는 다양한 관점들의 공존과 수용입니다.

소피스트의 상대주의적 관점과 자연철학, 그리고 다신교적 신앙 등은 인간의 한계에 대한 그리스인들의 인정과 수용과 맥을 같이 합니다. 고대 그리스의 이러한 다양성은 르네상스 화가 라파엘로(Raffaello Sanzio, 1483~1520)가 교황 율리우스 2세의 요청으로 그린 명화 〈아테네 학당〉(1511)으로 상징화됩니다. 이것은 율리우스 2세가 그리스의 포용성을 자랑하기 위해 라파엘로에게 시킨 그림이라고도 알려져 있는데 여기에 등장하는 고대 그리스 지성 51명 중에는 아테네의 철학자들은 물론, 이교도의 수장 조로아스터를 비롯해 그리스 신들을 부정했다는 불경죄로 형벌을 받은 아낙사고라스(소크라테스의 스승) 등이 그려져 있습니다. 아테네 학당도 폐쇄적이지 않고 상당히 개방적이었다고 합니다. 이렇듯 고대 그리스에서는 다양한 관점이 수용되고 있었습니다. 이는 상당히 중요합니다. 이러한 고대 그리스 정신이야말로 종교 철학 이후 르네상스가 추구했던 것이고, 바로 그 아테네 정신을 회복시켜 중세 기독교에서 탈출하기 위한 것이 '아테네 학당'으로 상징되고 있다는 것입니다.

마지막으로 그리스는 서양 지성의 영원한 고향이라는 점입니다.

고대 그리스는 서양인들의 영원한 정신적 고향입니다. 한자로 '온고이지신'이, 서양에서는 '그리스로 돌아가는 것'입니다. 일반인들은 물론 서구의 유명 지식인들 역시 사색의 출발을 그리스로부터 시작합니다. 서양세계사의 획을 긋는 르네상스는 '고대그리스 문명의 새로운 부흥'이라 해도 과언이 아닙니다. 근현대 철학자들은 자신들의 이론을 위한 영감을 그리스의 선각자들로부터 받곤 합니다.

예를 들어 마르크스의 경우, 1841년 박사학위논문이 〈데모크리토스와 에피쿠로스의 자연철학의 차이〉라는 것이죠. 이외에도 스피노자, 헤겔 등 이루 열거하기 어려울 정도로 많은 지식인들이 그리스의 사상과 이론에 영향을 받았습니다.

서구 지식인들은 답답하면 고대 그리스로 돌아갔습니다. 하지만 지금 우리는 답답하면 어디로 가는지 모르겠습니다. 거의 다 서양 인문학입니다. 뿌리가 없습니다. 유행 따라, 남들이 하는 대로 따라 갑니다. 요즘은 우리 것을 연구하자는 움직임들이 좀 있고 책도 보고 하던데, '한자'에서 딱 막힙니다. 저는 개인적으로 한자 공부를 다시 회복시켜야 한다고 주장합니다. 그래야 우리들의 옛것을 이해할 수 있습니다. 한문 교수가 한자를 공부하지 않고 다른 것을 하고 있는 실정이지요. 하지만 일본은 이러한 작업을 하고 있어요. 우리나라는 문화예술 분야에서 이러한 움직임들이 조금 있지만 다른 것으로도 할 수 있어야 합니다.

우리는 어디로 가는가? 우리의 제로 포인트는 무엇인가? 우리의 정신적 고향은 무엇인가? 한 번 생각해 봐야 합니다. 우리의 중요한 과제라고 생각합니다.

社會思想

종교(宗敎)는 글자 그대로 '으뜸되
가르침' 이란 말처럼 궁극적인 원리에
한 설명이 있고 세상사 거의 모든 것들
포괄하고 있기 때문입니다. 어떤 사람
은 종교에는 진리와 복음만 있는 것이
니라 진선미(眞善美), 즉, 아름다움까지
포함하며 종교 자체가 최고의 예술이라
얘기하기도 하죠.

4/ 서양사상의 모태 Ⅱ
유일신 사상, 기독교와 이슬람

4/

서양사상의 모태 Ⅱ
유일신 사상, 기독교와 이슬람

이번 강의에서는 유일신의 대표주자인 기독교와 이슬람에 대해 알아보겠습니다. 인간의 생각과 사상에 가장 큰 영향을 미치는 것이 바로 종교일 겁니다. 종교(宗教)는 글자 그대로 '으뜸되는 가르침'이란 말처럼 궁극적인 원리에 대한 설명이 있고 세상사 거의 모든 것들을 포괄하고 있기 때문입니다. 어떤 사람들은 종교에는 진리와 복음만 있는 것이 아니라 진선미(眞善美), 즉, 아름다움까지도 포함하며 종교 자체가 최고의 예술이라고 얘기하기도 하죠.

2010년~2012년 발표된 통계자료에 의하면▪ 세계 인구 71억 중 기독교로 통칭되는 사람이 약 21억 명 정도라고 합니다. 여기에는 천주교, 개신교 등 대표적인 교파가 다 포함되어있지만 그 밑의 소수, 군소 교파들은 포함되어 있지 않은 것이라 이마저도 모두 합한다면 30억 명이 넘는다고 하죠. 굉장하지 않나요? 역사적으로 현재에도 종교는 많은 영향을 미치고 있는 것입니다. 또한 기독교와 이슬람의 종교싸움도 이른바 중동의 화약고라는 말처럼, 여전히 지구상의 중요한 불안요소로 존재합니다. 이들의 전쟁은 '십자군 전쟁'▪▪으로 끝난 것이 아니라, 여전히 살아있는 현재의 문제라고 봐야 하죠.

▪ 연합뉴스. 2011.11.20. 지구촌 기독교도 21억8천만명.

▪▪ 11~14세기 유럽 그리스도 교회가 주도하여 이슬람 교도들을 상대로 벌인 군사원정.

대체로 4대 종교라고 하면 흔히 기독교, 불교, 이슬람, 힌두교를 꼽는데 다른 한편으로는 크게 '세계종교'와 '민족종교'로 나눌 수도 있습니다. 세계종교란 보편적인 원리를 믿는 것이고, 민족 종교는 흔히 그 나라의 부족 신을 확대해서 믿는 것을 말하죠. 이에 따라 힌두교를 세계종교로 보지 않는 사람들도 있고, 유대교도 마찬가지로 세계종교로는 보지 않습니다. 그렇게 보더라도 통칭 기독교에 속하는 인구가 21억, 그 다음으로 이슬람 13억, 힌두교 9억, 불교가 3억 8천만, 그 외에 나머지 민족종교를 믿는 아프리카인들 등이 있다고 하죠.

그런데 이 중 기독교와 독특한 관계를 가지는 유대교가 있습니다. 유대교는 현재 1,500만 명이 있다고 합니다. 미국에 600만, 이스라엘에 300만이 살고 있다고 하죠. 그런데 이 적은 숫자의 유대교인들이 중동을 넘어 전 세계적으로 큰 힘을 발휘하고 있습니다. 이들이 어떻게 하느냐에 따라 커다란 위험이 일어날 수 있는 중동의 불씨가 되어 있어요. 대부분의 사회갈등은 희소가치에 의해 일어나죠. 한정된 자원이나 가치를 누가 더 많이 가지고, 또는 기존에 가지고 있는 것을 뺏느냐 뺏기지 않느냐 하는 것 때문에 일어나는 것입니다. 하지만 이 유대교와 중동의 갈등은 이질적 차이, 이질적 가치관의 싸움이 얼마나 대단한 것인가를 단적으로 보여줍니다. 이 가치관의 싸움이 얼마나 치열한 것인가를 바로, 기독교와 이슬람교가 대표적으로 보여주고 있는 것이죠.

기독교와 이슬람의 갈등은 현재도 계속되고 있습니다. 이 믿음의 차이가 이렇게 심각합니다. 왜냐하면 인간은 동물과 달라서 궁극적 가치관을 가지고 싸우기 때문입니다. 궁극적 가치관을 가지고 투쟁하는 것이 바로 사람다움의 특성이라고도 할 수 있죠,

기독교는 세계 곳곳에 들어가 구석구석까지 영향을 미쳤습니다. 남미 등 제3세계를 장악했고 지금도 계속해서 퍼져나가는 중입니다. 종교문제는 지나간 문제가 아니라 여전히 살아 펄떡이는 문제인 것이죠. 끊임없이 되풀이되고 있습니다. 이게 사람이 빵만으로는 살 수 없다는 증거입니다.

유대인과 유대교

유대인은 그야말로 소수민족입니다. 지금도 절대 인구수가 적고, 세계적으로도 유대교로 개종하는 사람이 극히 드뭅니다. 유대인으로 인정받는 조건이 굉장히 까다롭기 때문입니다. 유대인들은 BC 1700~1500년 사이 요르단 계곡 서쪽 구릉 지대에 정착하게 되는데, 그 당시 이 지역은 메소포타미아문명과 이집트문명 사이에서 많은 부족국가 간에 싸움이 끊임없이 일어났던 곳이었습니다. 그 속에서 유대인은 약소민족으로서 앗시리아(Assyria), 바빌로니아(Babylonia) 등 강대국에 의해 핍박을 받았습니다. 그래서 북쪽 이스라엘 왕국은 BC 8세기경 동쪽의 앗시리아에 의해, 남쪽의 유대왕국은 BC 586년 바빌로니아에 의해 멸망하게 됩니다. 이때 엘리트를 포함하여 약 1만 명이 바빌론으로 끌려가게 되는데, BC 538년 페르시아가 바빌로니아 정복 후 이들을 해방시켜 팔레스타인으로의 귀환이 허락되었죠. 그러나 BC 63년 로마제국의 보호를 받고, AD 70년 다시 로마에 귀속되면서 이때부터 유대인의 이산(離散 –디아스포라, Diaspora)이 시작됩니다. 팔레스타인 분쟁을 봅시다. 영국 등 강대국의 제국주의 외교 – 양다리를 걸치거나 이중적인 잣대를 대는 등 강대국의 교활한 외교 – 로 인해 아직까지도 해결의 기미를 잡지 못하고 헤매고 있잖아요.

유대인들은 율법을 철저하게 지킵니다. 왜 그럴까요? 우리나라도 단군왕검이 있듯이 부족신앙은 그 지역의 독특한 공동체의 경험이 반영됩니다. 다른 부족들도 신을 섬기고 있었지만 유대의 신은 특히 질투가 심한 신으로 그의 부족이 다른 부족의 신을 절대 섬기지 못하게 합니다. 여호와는 '전쟁과 질투의 신'입니다. 이것이 반영되어 나 이외의 다른 신을 섬기지 말라는 유일신 사상이 나오게 됩니다. 다신교는 포용성을 가지고 있지만, 이 유일신은 다른 것은 용납하지 않고 궁극적으로 추구하는 것도 하나가 되죠. 그들은 유대교도, 기독교도 아브라함(Abraham, BC 2000년경에 활동한 히브리 족장들 가운데 최초의 인물)의 자식이라고 하고, 이슬람도 아브라함의 자식이라고 주장합니다. 이 유대교에 영향을 미친 것이, 세계 최초의 유일신 종교로 알려진 '조로아스터교(Zoroastrianism)'입니다. 조로아스터교는 흔히 '배화교(拜火教)'라고도 하는데, '불'을 궁극으로 보고 종말론 등의 이야기도 나오죠. 이 종교가 유대교의 유일신 사상에 많은 영향을 미쳤습니다. 참고로 니체의 산문시에 나오는 독일어식 이름 '차라투스트라(Zarathustra)'의 영어식 발음이 '조로아스터(Zoroaster)'이기도 합니다.

종교를 볼 때, 그 종교를 믿는 사람들이 이야기하는 것과 믿지 않는 제3자의 시각으로 바라보는 것은 다를 수밖에 없습니다. 그런데 기독교도 그렇고 이슬람교도 그렇고 제3자가 없습니다. 종교학적으로 의미 있는 얘기는 제3자의 입장에서 나올 수밖에 없는데 말이죠. 그러니 종교를 믿는 사람 입장에서는 불만이 나올 수밖에 없겠죠. 브리튼(C. Brinton, 1898~1968)은, "구약성서는 재능 있는 민족의 경험에 대해 쓴 하나의 문학적 기록"이라고 하며, 전도서에 나오는 "헛되고 헛되고 헛되도다"라는 문구는 감성적 문학이며 궁극적 무엇, 시적인 무엇, 초월적인 무엇을 파악하려 한 문학적 표현이라고도 합니다.

이런 일화도 있습니다. 제가 아는 어떤 사람은 신앙심이 깊은 신자가 아니었는데, 우연히 성경의 어느 펼쳐진 대목에 눈이 갔다고 합니다. 그 대목이 '헛되고 헛되고 헛되도다' 였다고 하는데, 그때 그것을 보고 전율을 받아 결국엔 교회의 간부 자리까지 올랐다고 합니다. 이렇듯 종교에는 어떠한 계기가 있습니다. 사랑도 맹목이죠. 한 번 빠지면 헤어나올 수 없잖아요. 'Love is blind' 라는 말처럼요. 사랑을 하면 눈이 멉니다. 종교도 마찬가지입니다. 뜻하지 않은 경험이나 계기로 이렇게 종교에 빠질 수 있는 것입니다. 종교를 간증하는 사람들은 이러한 것을 특별한 은혜로 생각합니다.

유대교 소수민족은 전 세계에서 소수에 불구합니다. 하지만 이 적은 소수민족의 유대인이 아직도 전 세계에게 큰 영향을 미치고 있습니다. 이게 아주 중요합니다. 닉슨(Richard M Nixon, 1913~1994) 대통령의 중국방문을 가능케 한 미국의 유명한 헨리 키신저 국무장관도 유대인으로 알려져 있습니다.

그러면 왜 나치가 유대인을 학살하려 했을까요? 왜 서양 사람들이 유대인을 싫어할까요? 유대인들은 경제관념이 뛰어납니다. 동전을 던지면 사람이 먼저 갈까요, 동전이 먼저 갈까요? 당연히 동전이 먼저 가겠죠. 하지만 달려가서 동전을 받는 사람이 유대인이라는 농담이 전해질 정도입니다. 그만큼 돈에 지독하다는 말이겠죠. 또한 유대인은 하느님에게 선택된 민족이고 하느님이 보증한 민족이라는 '선민사상(選民思想)' ■이 강합니다. 유대인은 어디를 가도 유대인이라는 것을 표시 내죠. 그만큼 유대인이라는 것에 대해 자부심이 강하다는 겁니다. 당연히 메시아 도래를 확신하며 형성된 이 독특한 선민의식은 다른 민족들에게는 재수 없는, 질시의 대상이 되기도 했습니다.

또한 유대인은 굉장히 영리하죠. 전 세계적으로 뛰어난 학생들이 모인 미국의 유명한 대학에서도 유대인들이 월등히 공부를 잘 한다고 합니다. 월등히 뛰어나서 경쟁이 되지 않을 정도라고 하죠. 이렇듯 뛰어난 머리와 경제관념, 선민사상을 가진 유대인들이 게르만 민족의 우수성을 믿는 히틀러(A. Hitler, 1889~1945)가 보기엔 굉장히 성가셨던 겁니다. 이것이 지나쳐서 모두 없애야 한다는 생각까지 나아간 거죠. 어쨌든 유대인들의 선민사상은 유명합니다.

그런데 어떤 사람들은 유대인 못지않게 머리가 뛰어난 사람들이 '한국사람' 이라고 합니다. 어느 정도냐 하면, 뉴욕의 가장 위험한 우범 지역인 할렘가에 뛰어들어 가게를 여는 사람들이 한국 사람이라는 겁니다. 또한 그 어렵다는 노상에서 장사를 하는 사람들도 한국 사람이라고 해요. 그 만큼 창의적이고, 악조건 속에서 살아남는 생존력도 높으며, 똑똑하고, 경제개념이 뛰어나다는 겁니다. 가족 경영을 통해 '24시간 곰탕' 집을 운영하는 나라는 한국사람 밖에 없다고 놀라는 외국인도 본 적이 있습니다.

■ 특정한 민족이나 집단이 신(神)적 존재에게 선택된 우월한 민족이라고 믿는 사상

기독교 사상

1. 예수의 메시지와 사도 바울, 요한 계시록

예수의 메시지라는 것이 무엇일까요? 예수는 세상의 종말과 하늘나라의 메시지를 전했습니다. 세상의 종말은 위협과 파괴일 뿐만 아니라 하느님의 나라에 대한 약속을 동반합니다. 예수의 목표는 이 세상의 개조가 아니라 하늘나라가 임박했음을 모든 사람에게 보고 듣게 하는 것이었습니다. "때가 되어 하느님의 나라가 임박했다. 그러므로 너희는 회개하고 복음을 믿어라" (마가복음 1장 15절). 이 세상을 바꾼다는 것보다는 복음을 진리로 받아라, 그 길로 가라는 것이죠.

다음으로 예수는 이 세상의 현존질서 안에서 인류의 완성을 가져올 수 있는 윤리체계를 선포하지 않았습니다. 말세에는 세상의 모든 것이 그 의미를 상실하기 때문입니다. 이 세상은 다만 건너야 할 다리에 불과한 것으로 여겨지기도 합니다. 따라서 인간에게 가장 중요한 것은 선택의 여부입니다. "아무도 두 주인을 섬길 수 없듯이 너희는 하느님과 재물을 동시에 섬길 수 없다(마태복음 6장 24절)" 이 말은 세속적 가치를 부정하는 것입니다. 재물의 가치와 하나님의 가치가 양립할 수 없다고 봤던 겁니다. 이 말은 즉, 하느님의 가치를 가진 사람은 재물에 초연해야 하고, 재물에 빠진 사람은 하느님을 알 수 없다는 말이기도 합니다. 그만큼 하느님의 가치를 가지고 실천하는 것이 어렵다는 것입니다.

그러나 예수는 율법주의를 배척하고 사랑에 근거를 둔 자유를 강조했습니다. "안식일이 인간을 위하여 만들어졌지 인간이 안식년을 위해 만들어지지 않았다" (마가복음 2장 27절), "오직 하느님과 이웃만을 사랑하라" (마태복음 22장 37절 ~ 40절) 등의 말에서도 알 수 있습니다. 여기서 율법은 유대교의 율법주의를 말합니다. 이러한 율법주의 대신에 '사랑'이 너희를 자유롭게 하리라고 말한 것이죠. 언제나 새로운 사상체계는 기존의 사상체계에 대해 과격하게 비판을 하는 법입니다. 예수는 지식을 설파하지 않고 신념을 갖고 복음을 믿는 신앙을 설파했습니다. 모든 종교 지도자들은 지식에 가치를 두지 않고, 지식을 믿음보다 한 단계 낮추어 보는 경향이 있죠. 그들은 지식에 생명이 들어가 있어야 한다고 보았습니다. 예수 역시 지식을 믿음의 밑에 있다고 보았습니다. 사도 바울(Paul, AD 10(?)~67(?))은 예수와 거의 비슷한 연도에 태어나 초기 기독교의 바탕이 되었고 뿌리를 만들었습니다. 그는 원래 유대교의 율법주의에 빠져 있었는데, 어떠한 계기로 율법에서 벗어나 신앙에 빠지게 되었다고 전해집니다. 그도 사람의 의로움이란 율법에 있는 게 아니라 신앙, 믿음에 있다고 주장했죠.

2. 기독교의 공통적 특징

브린튼은 옛날이나 지금이나 기독교인들의 생활양식에서 나타나고 있는 기독교의 공통된 특징들 몇 가지를 다음과 같이 지적한 바 있습니다.

먼저 일원론적 사고입니다. 영혼과 육신을 구별하지만 공식적인 이원론을 혐오하고 내세지향적 일원론을 가지고 있다는 것입니다. 이것은 현재가 그렇게 중요하지 않다는 것으로, 현재의 고통도 내세에 보장받을 수 있으니, 돈이 많든 적든 신분에 상관없이 현세에서는 하느님 앞에서 똑같다는 것입니다.

다음으로 육체에 대한 불신입니다. 인간의 자연적 욕망과 본능은 대개의 경우 타락으로 이끈다는 것인데 인간이란 그대로 둘 경우 악한 행위를 하는 경향이 있다는 것입니다. 욕망은 육체에서 나온다고 봤습니다. 그래서 기독교에서는 섹스를 타락, 유혹으로 보았고, 금욕주의가 주를 이룹니다. 유독 기독교에서 '성(性)'에 대해 과민하고 섹스에 대해 강박관념을 가지게 된 이유이기도 합니다. 이러한 것이 서양 문화에도 굉장히 많은 영향을 미칩니다. 성에 대한 콤플렉스를 기독교가 심었다고 해도 과언이 아니죠. 여기서 프로이트의 분석도 나올 수 있었습니다. '성'은 가장 기본적인 인간의 욕구입니다. 강박이라는 것은 이러한 성에 대한 욕구의 좌절, 환상에 의해 일어나는 것이죠.

중국 고대 사상가인 노자와 장자의 학문을 이어받은 노장사상(老莊思想)에서는, 욕망은 사회적으로 만들어지는 것이라며, 부자연스러운 것으로 보았습니다. 동물들은 배고프면 먹고, 과식을 잘 하지 않지만 우리는 과식을 하죠. 배고픈 것보다 더 많이 먹는다는 말입니다. 수컷과 암컷도 이성을 찾지만, 그것은 색(色)을 찾아서가 아니고, 발정기일 때만의 일입니다. 새끼를 낳기 위한 종족 번식의 본능이죠. 하지만 인간은 평생 욕망을 만들어내고 충족시키려 애씁니다. 그러니 욕망을 경계해야 하는 것은 당연하고도 일리가 있는 말입니다. 하지만 지나친 것이 아니라면 '식색(食色)'은 인간의 본성이자 선악을 초월하는 개념이라고 보는 게 자연스럽습니다. 수컷이 암컷을 찾아가는 것은 자연의 본성이지, 죄가 아니라는 말이죠. 하지만 기독교는 이런 원초적인 본능조차 죄악으로 봤습니다. 아주 정도가 심했죠. 여기에 원죄의식을 가져다 붙였습니다.

다음으로 이기심과 자기의식의 부정이 있습니다. 모든 종교도 그러하지만, 기독교도 이기심을 부정합니다. 개인의 자기주장, 오만, 자존심을 부정합니다. "마음이 가난한 자는 복이 있나니-" (마태복음 5장 3절)라는 구절에서 가난하다는 것은 물질적으로 가난하다는 것이 아니고 마음이 소박한 사람을 말합니다. 마음을 비운 사람이 천국에 갈 수 있다는 것입니다. '불교나 기독교나 다 같다'는 말이 여기서 나오죠. 하지만 비운다는 것이 얼마나 힘듭니까. 불교에서는 '제법무아(諸法無我)'라는 말이 있습니다. 모든 것에는 실체, 즉, '아(我)'가 없다는 것으로, '나'라는 것의 실체가 없다는 것을 알면 고통에서 벗어날 수 있다는 것입니다. 나라는 자의식이 없으면, 나라는 것을 인식하지 않으면, 우주가 들어와 나와 하나가 될 수 있다는 것입니다. 기독교에서도 개인의 오만함과 자존심이 있으면 절대 천국에 갈 수 없다고 말하죠.

그리고 모든 사람에게 사랑과 자애로 자신의 마음을 열어놓아야 한다고 강조합니다. 그러면 기독교에서 말하는 사랑이라는 것은 뭘까요? 불교에서는 자비(慈悲)라는 것이 있죠.이 자비는 무조건 품어 안는다는 것이 아니고, 다소 냉혹한 것일 때도 있습니다. 내리칠 때는 내리쳐야 한다는 것입니다. 사랑은 참 희한한 것입니다. 사랑은 많아도 죽고, 적어도 죽습니다. 너와 나의 마음을 같이 하는 것, 그것이 사랑, 인(仁)의 핵심입니다. 모성애를 흔히 동물적인 사랑이라고 하죠? 모든 것을 조건 없이 희생하고 일방적으로 주기만 하잖아요. 하지만 그것만으로는 위대하지 않죠. 이 모성애도 '채찍'이 들어가야 위대한 것이 됩니다. 그것을 뛰어넘지 않았을 때는 그저 동물적인 것, 자연스러운 것에 불과합니다. 사랑하는 꼭 그만큼 채찍도 있어야 합니다. 기독교에서 '하나님 아버지'라고 하죠. 이 아버지가 모든 이들의 아버지가 되는 이유는 바로 모든 이들에게 사랑을 주지만, 징벌도 주기 때문입니다.

그리고 특정 유형의 사고에 대한 불신이 있습니다. 기독교는 유일신 사상이기 때문에 합리적인 것을 혐오합니다. 합리주의는 인간의 이성을 근본으로 하죠. 인간의 이성으로 해방될 것이라고 하는 것이 합리주의입니다. 신앙은 맹목적이어야 확실하기 때문에 합리적으로 따지기 시작하면 신비주의가 사라지게 됩니다. 이성적으로 생각하면 예수는 진짜로 존재할까?, 일부러 만들어 낸 인물이 아닐까? 하는 의심이 생기지 않겠습니까. 따라서 이성을 배제해야 하는 것이죠. 사랑도 콩깍지가 씌어야 되는 것처럼, 종교도 맹목적이어야 합니다. 사랑은 빠지는 것입니다. 이 말은 그 사람은 다른 사람과 대체할 수 없다는 것입니다. 종교도 마찬가지입니다. 다른 무엇과 결코 대체할 수 없는 것, 특수성에 대한 빠짐, 그러한 믿음입니다. 따라서 종교는 합리적인 사고에서 벗어나야만 가능한 것입니다. 이러한 절대적 믿음에 의해 '전도사'가 나오는 것입니다. 내가 경험한 체험, 믿음을 다른 사람들에게도 알리고자 하는 것입니다. 다른 사람들이 이렇게 좋은 것을 알지 못하는 것에 대한 안타까움, 혼자서 알고 있는 것에 대한 미안함, 그런 것들이 모여서 당신도 이것을 보면, 알면, 참된 진리를 얻을 수 있다는 것이 전도사의 믿음이죠. 하지만 이러한 기독교의 비합리적이고 유일신적인 사상 때문에, 기독교가 가는 곳에는 언제나 기존의 전통신앙, 민족 신앙과 마찰이 있었습니다. 기본적으로 다신교를 부정하기 때문입니다.

3. 기독교에 대한 비정통적 시각

기독교에 대한 비정통적 시각, 이단 논쟁은 정통적 시각에 대한 기독교 내부에서 나오는 비판입니다. 한쪽으로 가다보면 걷잡을 수 없습니다. 조직이 커지면 세속적인 업무를 담당하는 부서가 생기게 마련이고, 이렇게 되다 보면 비리가 생길 수밖에 없죠. 이것은 자연의 이치입니다. 중세 말 로마 가톨릭 교회에서 죄를 사하는 대가로 발행한 증명서인 면죄부(免罪符)가 상징적이죠. 이것은 기독교의 타락을 의미하는 것이었으며, 어느 종교에도 없었던 것입니다. 그런데 이것이 모두 '정통'이라는 이름 아래 행해졌습니다.

예수에 대한 새로운 평가는 1930년대까지 굉장히 많았습니다. 이러한 것은 최근 2000년대 「다빈치 코드」(2003)라는 소설로도 나왔죠. 재미난 것은, 비단 소설에서 뿐만 아니라 비교종교학자들 사이에서도 성경에 대한 역사적 해석들이 나오기 시작했다는 겁니다. 여기서는 기독교 교단에서는 절대 받아들일 수 없는 극단적인 해석들이 막 나오기 시작하죠.

'이사'라는 것이 있습니다. 아랍 사람들이 예수를 이렇게 부른다고는 하는데, 불가에서는 이것을 한자로 해석해, 이미 '이(已)' 자에 버릴 '사(捨)' 자를 쓰며 예수의 이름을 '이미 버렸다'는 뜻이라고 해석했습니다. 로이 아모르가 쓴 「성서속의 붓다」(1992)라는 책이 있는데, 여기서는 신약성서와 불교경전을 대비해서 불교사상이 예수한테 영향을 미쳤다고 적고 있습니다. 이에 대해 상당한 신학자들이 수긍하고 있습니다. 특히 예수가 12세 때 예루살렘 성전에서의 대토론 사건 이후 서른 살 무렵 요한에게서 세례를 받기 전까지 행적이 묘연한데, 이 공백기 동안의 예수의 행적을 추적합니다.

민희식(1934~) 박사는 우리나라에서 '불교 사전'을 처음으로 만든 사람입니다. 나중에는 성서에 빠졌죠. 그가 쓴 화제작, 「법화경과 신약성서」(2012)에서는 기가 막힌 이야기를 합니다. 법화경의 중요 대목이 신약성서에 다 나온다며, 이에 대해 하나하나 다 제시하고 있습니다. 그는 바티칸의 중요 문서를 접할 기회가 있어서 이런 책을 썼다고 하는데요, 민 박사는 프랑스에서 훈장까지 받은 사람인데 우리나라 기독교 목사들은 굉장히 싫어합니다. 속된 말로 그를 잡아 죽이려 하죠.(웃음) 「다빈치코드」는 소설이기라도 하지만 실제로도 이런 일이 벌어지고 있습니다.

또한 목영일(1936~) 박사가 있습니다. 그는 자연과학자인데, 이 사람 자체가 기독교 신자이고 민희식 박사와 함께 작업하기도 했습니다. 그는 「예수의 마지막 오딧세이」(2009)라는 책을 역사소설이라는 분류로 발간합니다. 이것이 얼마나 자극적이냐면, 예수가 3번을 결혼했는데 그 결혼한 상대의 이름까지 다 거론합니다. 소설이라 생각하고 한 번 읽어보면 재밌을 겁니다.

우리나라처럼 빠르게 서양의 기독교를 받아들인 나라도 없습니다. 기독교의 성지보다 우리나라의 거대 교회에서 주말에 거둬들이는 헌금이 더 많을 겁니다. 그러니 서울특별시를 하나님께 봉헌하겠다는 말까지 나오죠.(웃음) 대단한 나라입니다. 우리는 일본의 메이지 유신(明治維新)■에 대한 콤플렉스로 인해서 너무나 과도하게 외래의 것을 받아들였습니다. 일본엔 교회가 거의 없습니다. 일본은 불교도 토속적인 신교로 바꾸었습니다. 일본은 메이지 유신을 했지만, 신은 받아들이지 않았습니다. 기독교 신자가 1%밖에 되지 않는다고 하죠. 우리나라는 20%가 넘는다고 합니다. 기독교가 들어와서 무당을 다 없앴어요.

■ 19세기 후반 일본 자본주의 형성의 기점이 된 정치적, 사회적 변혁의 과정

이슬람교와 이슬람문화

이슬람(Islam)이란 말을 직역하면, '자신의 모든 것을 인도한다'는 의미입니다. 유일신인 '알라(Allah)'에 대한 절대적 복종을 강조하죠. 무함마드(570-632)가 610년 경 알라의 계시를 받고 창시했다고 알려지며 박해를 피해 622년(Hegira, 이슬람 원년) 메카에서 메디나로 피신한 것을 원년으로 삼고 있습니다.

이슬람 교리는 이만(6가지 종교적 신앙)과 이바다(5가지 종교적 의무)를 기본으로 하며, 6신(信) 5행(行)이라 부르기도 하죠. 이만(6신)이란 알라, 천사들, 경전들, 예언자들, 마지막심판, 그리고 운명론에 대한 믿음을 말합니다. 또 무슬림의 5가지 의무인 이바다는, 알라만이 유일한 신이고 무함마드가 마지막 예언자라는 것, 하루에 5차례 메카를 향해 예배할 것, 궁핍한 이웃에게 자선을 베풀 것, 라마단의 한 달 동안에는 일출에서 일몰까지 단식할 것, 마지막으로 일생에 한 번은 성지 메카를 순례할 것을 말합니다. 대표적 금기사항으로 도박과 술, 그리고 돼지고기가 있죠.

이슬람 문화는 7세기부터 13세기까지 아라비아에서 발전한 이슬람 세계의 문화를 말하는데 '사라센문화'라고도 합니다. 이슬람교와 헬레니즘 문화를 바탕으로 지중해 연안 문화와 인도, 중국의 문화를 종합 절충해 사라센제국의 회교도, 특히 아랍인에 의해 이룩된 문화이죠. 수학, 화학, 천문학, 지리학 등과 함께 특히 자연과학이 발달한 것으로 유명합니다. 의학에서는 10세기 페르시아의 알-라지(Al-Razi, 865?~925?)가 20권 분량의 의학대전을 저술하기도 했어요.

서양 사람들은 이슬람에 대한 콤플렉스가 있습니다. 그들은 기독교를 쇠퇴하는 종교라고 생각하고, 이슬람을 성장하는 종교라고 생각합니다. 아프리카 쪽에는 이슬람교가 파죽지세로 퍼졌습니다. 그 이유는 이슬람교의 생활윤리가 간단하기 때문이었죠. 이슬람을 믿는 무슬림은 앞서 얘기한 5가지 의무만 다하면 됩니다. 이것밖에 없습니다. 하지만 기독교는 굉장히 복잡합니다. 간통하지 마라, 간음, 과음하지 마라 등등 하지 말아야 될 것이 굉장히 많아요.

또한 이슬람교는 굉장히 현실적입니다. 현실적 감각이 뛰어납니다. 이슬람은 일부다처제를 법적으로 허용하고 있기도 하죠. 「일부일처제의 신화」(2002)라는 책이 있는데, 여기서는 혼인제도 중 일부일처제는 어느 순간부터 인위적으로 만들어진, 가장 부자연스러운 제도라고 주장하기도 합니다. 일부다처제, 또는 일처다부제 등이 자연스러운 것이라며, 일부일처제는 동물 세계에도 없는 것이라고 하죠.

남녀 관계에 가장 포용적인 나라가 프랑스입니다. 우리나라에서도 남자의 허리 아래 이야기는 하지 않는다는 말이 있는데, 영국에서 이런 이야기를 하면 난리가 납니다. 영국은 청교도 영향을 받아 성(性)에 대해 상당히 과민하거든요. 정치인들이 이러한 성 스캔들에 휩싸이면 치명적입니다. 프랑스의 학자들 중에는 결혼을 두 번 해야 한다고 주장하는 사람이 더러 있습니다. 나이에 따라 생각을 비롯해 여러 가지로 달라지니, 결혼도 두 번 해야 한다는 것이죠. 또한 실험을 통해, 동거를 하고 결혼을 해야 한다고 주장하는 사람들도 있습니다. 프랑스에서는 동거를 안 하고 바로 결혼하는 사람은 거의 없습니다. 18세 이상만 되면 부모님 허락 하에 동거에 들어갑니다. 동성혼도 살펴보죠. 미국에서는 이 문제로 첨예하게 대립하고 있죠. 가톨릭 나라에서는 도저히 받아들일 수 없는 것입니다. 실제로 이 문제는 대단히 엄청난 문제죠. 동성끼리 연애가 아니고, 결혼을 합법적으로 인정한다는 것이니까요. 인류 역사상 처음 있는 일입니다.

또한 이슬람 문화의 예술 등은 굉장히 뛰어납니다. 서양을 압도합니다. 이슬람 문화는 우리나라에도 그 전에는 잘 알려지지 않았지만, 요즘에는 여행 프로그램 등을 통해 많이 소개되고 있죠. 흔히 '제국'이란 타이틀로 활동했던 화려한 과거가 있는 나라들은 '자문화중심주의'가 강합니다. 자국 문화에 대한 자부심이 대단하다는 말입니다. 그리스에도 자문화중심주의는 있었고, 프랑스, 영국에도 있습니다. 이들은 바깥으로 나가지 않습니다. 자신의 나라에 모든 게 다 있다고 생각합니다. 거기에 부딪히면 깰 수 없는 절벽을 느낍니다. 제가 파리에 있을 때 프랑스 친구들도 그러했습니다. '프랑스 문화가 최고'라고 생각하죠. 어느 날 스페인을 가야 이슬람 문화의 흐름을 알 수 있다고 해서, 장학처에서 주선한 스페인 관광을 가게 되었지요 그 프랑스 학생들 중의 한 친구가 스페인의 알함브라(Alhambra) 궁전에 가더니 말을 안하는 거에요. 왜냐하면 프랑스의 어느 건축물보다 알함브라궁전의 건축술은 더 뛰어나고 섬세했으니까요. 그래서 서양 미술의 보고는 이슬람이라는 말이 있습니다. 서양의 많은 건축물들은 이슬람 문화를 모르고는 이야기할 수 없습니다. 서양이 가지고 있는 기독교적 문화라는 것이 모두 아랍, 인도 등 동양과 연결되어 있습니다. 심지어 성당까지도. 이슬람은 과학과 밀접한 관계의 미술, 아라베스크식의 미술 등 독특한 양식을 창안하여 고대와 르네상스 시대 사이 중간기에 큰 역할을 하며 서양 미술에도 지대한 영향을 주었습니다.

질의 응답

Q. 인간이 만든 것 중 가장 안 좋은 것이 '유일신 사상'이라고 생각하는데, 이 때문에 모든 학살과 전쟁 등이 일어나는 것 같습니다.

하지만 이 '유일신'이라는 것은 인간의 성장 과정에서 꼭 거쳐야 할 과정입니다. 역사적으로도 그러했고요. '사춘기' 단계라고나 할까요? 하지만 지금은 그 유일신이 무너지고 있습니다. 내부에서 무너지고 있죠. 그것이 종교개혁입니다. 그 다음에 나오는 것이 새로운 다신교, 범신교겠죠. 옛날로 봐서는 '말세'가 다가오는 것이죠. 그리스도도 '말세'라고 했고, 공자 때도 '말세'라고 했습니다. 사회에 새로운 가치가 나와서 중심적인 가치가 흔들려 아노미 상태가 되면, 다 '말세'라고 했습니다.

Q. '유일신'이 인간성장의 단계라 하셨는데, 사람이 언젠가는 죽을 것이고, 그것에 대한 두려움 때문에 신을 믿는 것이라는 생각도 듭니다. 기독교도 초기에는 엄청난 박해를 받았잖아요. 지하에 동굴을 파서 도시를 만들어 숨어 살기도 했습니다. 그렇게 하면서도 사람들이 유일신을 믿는 이유는 무엇이었을까요?

현세가 괴롭기 때문이죠. 사람이 죽지 않는 이상 살아야 할 의미를 찾아야 하는데, 신을 믿는 사람들은 그것을 신으로부터 찾습니다. '현세의 이 괴로움이 죽어서 보상 받는다'는 믿음이죠. 이렇게 죽으나 저렇게 죽으나 사람이 죽는 것은 마찬가지니 하나님을 믿고, 죽어서 좋은 곳으로 가고자 하는 것입니다. 현세의 문제가 심하면 심할수록, 신흥 종교도 많이 나오게 마련입니다. 현세 삶의 질곡에서 벗어나고 싶어 했던 것이 종교의 기원입니다. 마르크스는 '종교가 아편'이라고 했는데, 그렇게 폄하할 수는 없을 것 같습니다. 그것은 가진 자들의 이야기입니다. '아편'이라는 것이, 그것을 근본적으로 치료할 수 없다는 것인데 그럼에도 아편을 쓰는 사람들의 절박함, 절실함을 미루어 짐작해볼 필요가 있겠죠. 현실이 괴로우니, 내세를 보고 꿈꾸고 사는 것입니다.

그것은 마치 이와 같습니다. 옛날에는 어떤 사람이 암에 걸리면 '당신은 암이다'라고 알려 주었습니다. 본인이 알아서 잘 극복하라는 것이었죠. 하지만 요즘은 그렇게 하지 않습니다. 암인걸 알고 극복할 수 있을 것 같은 사람에게는 말을 하고 그렇지 않은 사람에게는 말해주지 않습니다. 진실을 밝히는 것이 언제나 좋은 것일까요? 아닙니다. 너무나 괴로울 때는 '아편'이 필요합니다. '제발 나에게 거짓을 말해줘'라던 대중가요의 가사도 있잖아요. 진실은 물론 중요한 것입니다만 그것은 용기있는 자만이 알 수 있고 또 밝힐 수 있는 것이에요. 진실에 대한 강요는 자칫 강자의 논리가 되기 십상입니다. 이것은 또한 지식인들이 가지고 있는 큰 폐단이기도 합니다. 불교에는 '소선성불(小善成佛)'이라고, '작은 선행도 부처가 된다'고 했습니다. 작은 돌탑을 쌓아도 마음으로 쌓으면 그것이 성불로 가는 길이라는 것입니다. 그렇게 희망을 주었습니다. 그래서 종교가 아편이라 할지라도 때론 누군가의 희망이 될 수 있고, 살아갈 이유가 되는 것이죠.

社會思想

서양의 현대 사회과학자들은 자신들
'계몽주의 철학의 후예'라고 곧잘 표현합
다. 계몽주의의 시작은 인간의 합리성을
욱더 중시하고 이것만이 믿을 수 있는 것
란 태도였습니다. 이 시기가 서양 역사 중
장 낙관적이고 진보적인 시각을 가졌던 시
라 해도 과언이 아닙니다. '모든 것은 점
진화하고 발전해간다'는 관점이 지배적이
으며, '오늘보다 내일이 더 좋을 것이다'
고 믿었습니다. 또한 세속세계에서 지상낙
이 이루어질 수 있다고 믿었습니다.

5/ 르네상스와 계몽주의

르네상스

르네상스의 현실적 배경과 실태

계몽주의

계몽주의의 키워드

계몽주의의 역사적 함의

5/

르네상스와 계몽주의

여러분이 저와 함께 하는 시간을 통해 그동안 자신이 가지고 있던, 타당하다고 느껴지고 편하고 자연스럽게 느껴지던 관념체계가 얼마나 두꺼운 것이었는지 체험하는 기회가 되고 있다면 기쁘겠습니다. 그에 어긋나는 이야기를 들으면 일단은 불편하죠. 또 그러한 불편이 세대 간 갈등의 원인이 되기도 합니다. 생각 차이로 싸우게 되는 것이죠.

가끔 프랑스 뉴스를 보는데, 최근 한 동성애 커플의 결혼식을 30분 간격으로 계속 보도해 주고 있었어요. 이 동성혼의 타당성에 대한 것이 연애와 사랑에 대해서라면 어느 나라보다 개방적이라는 프랑스에서조차 헌법소원까지 갈만큼 최근 논란이 되고 있는 모양입니다. 프랑스 대통령 올랑드가 자신의 정치적 위기를 타개하기 위해 이 동성혼을 이용하고 있다는 의견도 있지만 그것만으로 설명하기엔 지나치게 난리법석들입니다. 이 커플은 구청에서 결혼식을 했다는데, 바깥에서는 어떠한 행사도 하지 않는다는 조건을 달고 허락해줬다고 합니다. 동성혼에 반대하는 이들은 구청으로 뛰어오고, 경찰들은 이들로부터 커플을 보호하기 위해 막고 있다고도 해요. 이것은 그냥 정치적인 사건이 아닙니다. 이른바 가톨릭 국가의 관점에서 '정상적인 부부의 결합'이 아니기 때문에 사회적으로 허락해서는 안 된다는 주장과, 소수자를 비롯해 모든 사람에게 자신이 함께 살 사람에 대한 선택의 권리를 주는 것이야말로 자유, 평등, 박애라는 프랑스 혁명의 정신에 부합한다는 주장이 서로 맞서 갑론을박을 벌이고 있는 것이죠.

만약 우리나라라면 어땠을까요? 아마 대다수의 사람들이 반대쪽에 설 것 같습니다. 그런데 우리가 그렇게 판단하는 기준은 논리적이라기보다는 '이건 아닌 것 같은데...'라는 느낌에 근거한 경우가 많죠. 논리적이고 합리적인 것보다는 느낌으로, 어떤 감성적 공감대랄까요, 보다 편한 쪽으로 생각하고 판단하는 데 익숙한 것이 사실입니다. 익숙한 것들로부터 벗어나는 것이 얼마나 어려운 일인지는 우리 모두가 잘 알고 있습니다. 고전사회학자 에밀 뒤르켐(Émile Durkheim, 1858~1917) 역시, '삶은 본래적으로 보수적'이라고 한 바 있죠. 삶은 본래 혁신적이라기보다는 되풀이되는 일상의 연속이기 때문에 기본적으로 보수적입니다. 여러 가지 사건과 우연들이 발생하기는 하지만 이 사건들은 다시 일상에 잠적해 들어가게 마련이죠. 들어가는 말이 너무 길었네요. 요는, 이렇듯 우리가 얼마나 당연하게 여기며 살아가는 일상에 지배된 채 살고 있는지를 깨닫고 환기하고 긴장해야만 보다 나은 삶으로 한 걸음 나아갈 수 있다는 점입니다. 그럼 오늘의 주제인 르네상스와 계몽주의 사상을 본격적으로 다뤄보기로 하지요.

르네상스

르네상스는 14~16세기에 걸쳐 서유럽 문명사에 나타난 문화운동들을 일컫는 말입니다. 그리스로마의 고전문화 부흥을 뜻하죠. 이를 역사적으로 살펴보면 이렇습니다.

서양 사상의 중요한 모태가 되었던 그리스적 사유는, 기독교 중심의 절대 유일신 사상이 지배했던 중세가 되면 심한 압박을 받게 됩니다. 이를 피해 초기 기독교인들은 터키의 카파도키아(Cappadocia)같은 곳에 지하마을을 만들어 숨어 살기도 했었죠. 프랑스 혁명 당시 유명했던 한 사상가는, '어떤 조직이나 사상도 결성되는 바로 그때부터 부패가 시작된다'는 말을 남긴 바 있는데, 조직이 커질수록 그 논리도 너무 커져버린다는 뜻입니다. 본말이 전도되는 현상이 사회 전반적으로 일어났고, 교회에서도 마찬가지였죠. 교회의 확산과 더불어 교황권 역시 지나치게 커져버립니다. 특히 11세기에 '면죄부'가 나타나면서부터는 급속도로 타락하기 시작합니다. 누구도 범접할 수 없는 절대 권력이 행사되고 각종 부정부패가 만연하면서 많은 부작용이 나타납니다. 그래서 1510년부터 교회의 지식인들 사이에서 교회를 개혁하자는 이른바 '종교개혁'이 시작되고 이런 주장을 한 수많은 지식인들이 파문을 당하는 등 고초를 겪게 되기도 했죠. '르네상스' 운동은 이러한 움직임을 바탕으로 시작되었습니다.

14~15세기가 되면, '절대 유일신'(여기서 '신'은 '기독교의 신') 중심의 세계관과 생각에서 벗어나자는 움직임이 더욱 본격화됩니다. 모든 만물과 우주의 원리를 신 중심으로 설명하고 생각하려던 사고방식에서 벗어나 다시 '인간중심'으로 돌아가자는 운동이 확산되었죠. 인간중심이었던 고대 그리스로마의 정신으로 돌아가 '인간성을 회복하고 인간 중심의 문화를 만들자'고 주장한 겁니다. 이것이 바로 르네상스의 출발입니다. 르네상스 시대에는 세속 군주와 현세의 상황을

신과 관계없이 그 자체로 보자는 세속주의가 나타났고 모든 측면에서 인간중심적 태도가 중요하게 강조되기 시작합니다.

하지만 어떤가요? 어느 시대든 다르게 생각한다는 것은 그 자체로 불온하기 짝이 없는 것이죠. 사실은 생각한다는 것 자체가 불온하다는 것을 의미합니다. 더욱이 '비판적으로 생각' 한다는 것은 더욱 불온하기 짝이 없습니다. 따라서 절대 군주들이나 기득권을 가진 사람들은 언제나 비판적인 지식인들을 불편해하게 마련이죠. 진정한 지식인들은 절대 군주의 말을 잘 듣지 않습니다. 진리의 세계에서는 소수가 진리일 수가 있는 거죠. 사실, 진리의 세계, 학문의 세계에서는 절대 다수보다는 소수의 의견이 진리인 경우가 많습니다. 절대 다수는 세속적인 일에 보다 뛰어난 법이죠. 이를 인정하는 나라가 문화적으로도 풍성한 나라고 제대로 가는 나라입니다. 모든 것을 다수가 원하는 대로 처리한다는 건 판타지에 가깝습니다. 그것은 다분히 이데올로기적이며 나아가 진리 추구하기를 포기하는 것에 다름 아니죠. 그런데 이러한 절대 다수의 틀을 깨는 움직임, 그러한 사건이 서양에서 일어난 게 르네상스라는 것입니다.

르네상스의 동사형은, 불어로 'Renaitre-태어나다' 입니다. 즉 '서양이 다시 태어나다' 는 뜻을 갖고 있는데 우리말로는 흔히 '문예부흥운동' 정도로 번역되죠. 하지만 '부흥' 이라는 말은 좀 약한 것 같기도 하고, 그렇다고 '다시 태어난다' 고 하기에는 너무 강한 것 같기도 합니다. 우리말로 정확히 표현하기엔 좀 애매한 부분이 있지만 어쨌든 이 르네상스가 서양사상사에 하나의 획을 그은 아주 중요한 사건임에는 틀림없죠.

르네상스는 앞서 말했듯, 인간과 관련된 것입니다. 인간성의 해방이나 인간에 대한 재발견 등 인간중심적 고민과 문화로부터 출발한 겁니다. 또 이는 합리적 사유와 생활태도의 길을 열어준 근대문화의 선구이기도 합니다. 이러한 맥락에서 르네상스는 휴머니즘적 사상의 전통으로 볼 수도 있습니다. 또한 전 세계 인류의 인간 해방을 주장한 마르크스의 사상과도 연결된다고 볼 수 있습니다.

르네상스의 성격에 대해서는 다양한 의견들이 있습니다. 르네상스가 14~16세기에 갑자기 일어난 것이 아니라 중세 동안 서서히 일어났다는 견해와, '중세의 종말'을 고하고 앞의 시대와 완전히 단절하며 나타난 것으로 보는 상반된 견해가 있습니다. 시대로서 '르네상스'라고 구분지은 것은 스위스의 문화사가 부르크하르트(J. Burckhardt, 1818~1897)에 의해 확립됩니다. 그가 발표한『이탈리아 르네상스의 문화 (Die Cultur der Renaissance in Italien』(1860)에서 '시대로서의 르네상스'라는 사고방식이 정착되죠. 그는 르네상스와 중세를 완전히 대립된 것으로 파악하고, 근세의 시작은 중세로부터가 아닌 고대로부터라는 주장을 펴며 중세를 '지극히 정체된 암흑의 시대'였다고 혹평했습니다.

한편, 소로킨(P. Sorokin, 1889-1968)은 문화의 변동을 감각적, 관념적, 이상적 단계의 순환으로 설명하면서 서구 역사상 문화적으로 가장 뛰어났던, 즉 가장 이상적이었던 두 시기로 'BC 5세기 아테네'와 '13세기의 유럽'을 꼽았죠. 그는 이러한 문화적 바탕과 힘을 배경으로 르네상스가 서서히 일어났다고 보는 쪽입니다. 대부분의 학자들이 소로킨처럼 르네상스를 서서히 일어난 것으로 보긴 합니다. 르네상스도 다른 모든 것과 마찬가지로 하늘에서 어느 날 뚝 떨어진 것은 아니고 다양한 역사적 배경과 경험 속에서 서서히 일어났다는 것이죠. 그러나 분명히 이 르네상스는 이전과 이후를 가르는 중요한 분기점이 되고 서양은 물론 동양에도 중요한 영향을 끼치게 됩니다. 그야말로 '터닝 포인트' 가 된 것입니다.

르네상스의 현실적 배경과 실태

변화의 시작은 이탈리아에서였습니다. 이탈리아는 본래부터 봉건제도가 미약하고, 지중해의 활발한 무역을 통해 상공업이 발전해서 15세기 말까지 경제적으로 번영하였습니다. 상공업의 발전과 도시생활의 발전이 중앙집권적 국민국가 형성을 촉진시켰던 북서유럽과는 달리, 이탈리아에서는 오히려 이런 측면이 집권국가의 형성을 방해하는 요인으로 작용했지요. 도시국가의 분립상태, 즉, 중세 말 북부의 베네치아, 피렌체의 두 공화국, 밀라노공국, 중부의 로마교황청, 남부의 나폴리 왕국 등은 도시국가 간 갈등을 야기했고 이는 외세의 간섭을 자초하게 되죠. 나아가 기존 공화정 정치체계를 전제적 지배체제로 바꿔놓았습니다. 특히 지안 (Gian Galeazzo, 1351~1402) 치세의 특징은 좀 가치폄하된 면이 있긴 하지만 하나의 통치술을 통해 권모술수, 치밀한 행정기구, 상공업보호육성, 문예보호 장려 등을 통한 '인기정치' 였습니다. 잘 알려진 '밀라노 대성당(1386 기공, 1577년 헌당)' 도 수백 년 동안 건설된 것으로 1951년에 마침내 완공되었죠. 종교의 힘이 그만큼 무서운 겁니다.

또한 이탈리아 르네상스는 '문예운동' 에서 시작됩니다. 절대군주가 문예부분에 집중적으로 지원을 했습니다. 이것은 전제군주의 보호 장려에 의한 문화육성인 『군주론(君主論, Il Principe, 1513)』의 덕목과도 잘 맞죠. 15세기 이후가 되면 경제의 중심이 지중해서 대서양으로 옮겨감에 따라 자연스럽게 이러한 이탈리아의 르네상스가 확산되게 됩니다.

르네상스의 인간형은 'Humo Universale', 즉, '보편적 인간' 입니다. 여기서 핵심은 이 'Humo Universale'에서 하나님을 빼버린 것입니다. 이것은 인간이 신이 아닌, 신을 통하지 않고도 신과 직접 만날 수 있다는 걸 의미합니다. 즉, 인간의 이성에 의해 완성될 수 있다는 낙관이 깔려 있는 것입니다. 또한 '인문주의(人文主義)'■가 대두되죠. 그리스와 라틴의 고전작품을 다시 연구하기 시작하고 인간 중심의 철학을 지향하며 미술에 있어서도 인간의 몸이 중요하게 다뤄지게 됩니다. 대표적인 작가로 레오나르도 다빈치(L. da Vinci, 1452~1519)와 라파엘로(Raffaello, 1483~1520), 미켈란젤로(Michelangelo, 1475~1564) 등을 들 수 있습니다.

이탈리아의 르네상스가 심미적, 문예 지향적이었던데 반해 북유럽의 르네상스는 '사회비판적'이고 '종교 지향적' 성격이 강했습니다. 왜냐하면 북유럽에서는 봉건제의 뿌리가 깊고 로마가톨릭의 세력이 강했으며 스콜라 철학의 힘도 확고하여 신흥 부르주아의 발전이 가로막혔기 때문입니다. 따라서 북유럽의 인문주의적 관심은 성경, 초기 기독교 문헌에 쏠려 그 원전을 연구하려는 경향은 현저하게 낮았습니다. 당시 대표적 유럽지식인이었던 네덜란드의 에라스무스

■ 라틴어 후마니스타(humanista)에서 유래된 말로, 인간의 성품과 능력 그리고 인간의 현세적 소망과 행복을 무엇보다도 귀중하게 생각하는 정신을 일컫는 말

(Erasmus, 1466~1536)는 초기 기독교의 단순성과 소박성으로 회귀할 것을 소망했고, 영국의 토마스 모어(T. Moor, 1478~1535)는 『유토피아(Utopia, 1516)』를 통하여 당시 영국을 강하게 비판하기도 했죠. 이렇듯 다시 연구되고 새롭게 재조명된 결과들은 구텐베르크(J. Gutenberg, 1398~1468)의 인쇄술과 더불어 대중화되죠. 참고로 2005년 5월 열린 서울디지털포럼에 참석했던 엘 고어 미국 부통령은 당시 교황사절단이 고려에서 인쇄술을 배워갔고 이를 기초로 구텐베르크의 인쇄술이 가능했다고 말한 바가 있습니다. 우리에게 이미 굉장히 훌륭하고 축적된 지식이 있었다는 것을 증명해주는 말이죠.

또한 이 시대에는 근대과학이 혁명적으로 발전합니다. 대표적인 과학자로 프란시스 베이컨(F. Bacon, 1561~1626)과 코페르니쿠스(N. Copernicus, 1473~1543)의 지동설, 이를 실험으로 증명한 케플러(J. Kepler, 1571~1630)와 갈릴레이(G. Galilei1564~1642)가 있습니다. 특히 코페르니쿠스의 지동설은 기존의 기독교적 우주관이 바뀌어가고 있는 것을 보여줍니다. 우주관이 바뀌면 세계가 달리 보이고 자연스레 생활에까지 영향을 주게 되죠.

15세기 초만 해도 서유럽은 다른 위대한 문명들과 고립되어 있었습니다. 그때까지도 인도, 중국과의 직접적인 접촉은 거의 없었고 멕시코의 아즈텍 문명, 페루와 칠레의 잉카 문명도 몰랐습니다. 그들이 접촉한 비(非)그리스도 문명은 이슬람 문명에 한정돼있었고, 비단, 향료 등도 이슬람을 통해 들여왔습니다. 그러나 150년이 채 지나지 않아 유럽은 신대륙을 비롯해 전 세계를 다투어 식민지화하면서 근대의 중심으로 부상하죠.

계몽주의

르네상스 이후 나타난 계몽주의란, 나라별로 활성화시기가 다르긴 하지만 통상 17~18세기에 유럽과 신세계를 휩쓴 정치, 사회, 철학, 과학 등 광범위한 분야에서 일어난 사회 진보적인 지적 사상운동을 말합니다. 계몽주의는 영어로 'Enlightement(불을 밝히는 시기-인간의 이성으로)'로 표현하는데 '빛이 온 누리에 퍼져나간 시기'라고 해석할 수 있습니다.

서양의 현대 사회과학자들은 자신들을 '계몽주의 철학의 후예'라고 곧잘 표현합니다. 계몽주의의 시작은 인간의 합리성을 더욱더 중시하고 이것만이 믿을 수 있는 것이란 태도였습니다. 이 시기가 서양 역사 중 가장 낙관적이고 진보적인 시각을 가졌던 시기라 해도 과언이 아닙니다. '모든 것은 점점 진화하고 발전해간다'는 관점이 지배적이었으며, '오늘보다 내일이 더 좋을 것이다'라고 믿었습니다. 또한 세속세계에서 지상낙원이 이루어질 수 있다고 믿었습니다. 칸트(I. Kant, 1724~ 1804)는 이 시기를 '인류가 미성년의 시대에서 성년의 시대로 넘어가는 시기'■라고 표현하기도 했죠.

앞에서 종교개혁과 르네상스를 살펴봤는데, 이러한 배경과 움직임이 합쳐져 분수령처럼 퍼진 것이 바로 계몽주의입니다. 이 시대의 특징적인 사건은 서구 부르주아의 성장입니다. 이른바 1730년경부터 시작된 산업혁명은 도시, 항구의 성장, 중개업자, 조선업의 발달 등을 가져왔습니다. 당대 유명한 지식인이었던 볼테르(Voltaire, 1694~1778)

■ 『계몽이란 무엇인가?라는 물음에 대한 답변 (Beantwortung der Frage: Was ist Aufklärung?』. 1784

는 이 시대를 가리켜 '상업이 부를, 부는 자유를 가져왔고, 상업은 국가의 위대함을 낳은 요인'이라고 말하기도 했습니다. 이러한 상업자본주의의 발달은 많은 부르주아들을 낳게 됐죠. 또 계몽주의는 바로 이 부르주아들의 성장과 역사를 같이 합니다. 그 전에는 왕과 성직자, 귀족들이 모든 걸 좌지우지 했죠. 하지만 계몽주의 시대가 되면 부르주아가 실질적인 역사의 주인공으로 등장하기 시작합니다. 부르주아는 불어로 '부르그(bourg)'에서 비롯된 말로 '성인(成人)'이란 뜻인데, 새로 부상하는 상공인이란 뜻도 포함합니다. 이 부르주아가 주인공이 되어 일으킨 혁명이 바로 '프랑스 혁명'이죠.

계몽주의 시대는 혁명의 시대였습니다. 혁명은 근대 유럽사상에 중요한 역할을 합니다. 대표적인 게 1776년 7월 4일 미국의 독립혁명과 1789년 프랑스 혁명이었습니다. 프랑스 혁명으로 프랑스는 전 세계 최초로 '왕'을 처형한 나라가 되었습니다. 이것은 다른 나라에 말할 수 없는 충격을 주었죠. 상대적으로 자유민주주의 나라라 일컬어지는 영국에도 아직 왕이 있습니다. 일본에도 아직 천황이 있죠. 하지만 프랑스는 이렇게 파격(?)적으로 왕을 처형했기 때문에 '왕'이 없는 나라가 될 수 있었습니다. 프랑스 혁명은 자유, 평등, 박애에 기초를 두고 있습니다. 그래서 프랑스 국기도 이를 상징하는 '삼색기'입니다. 또 이러한 '자유'와 '평등'의 비중에 따라 자유주의와 사회주의로 나눠지기도 합니다. 프랑스 혁명의 사상적 스승은 통상 '사회계약설'을 이야기했던 장 자크 루소(Jean-Jacques Rousseau, 1712~ 1778)로 알려져있죠.

계몽주의 시대가 되면 사상을 교류할 수 있는 통로가 폭발적으로 증가합니다. 신문, 소책자 등이 제작되고, 카페와 살롱 등의 장소에서 끊임없는 사상의 교류가 활발하게 일어나죠. 특히 카페와 살롱은 중요한 역할을 했는데, 이곳에서 재력을 가진 귀부인이나 예술가, 부르주아, 문예 사상가들이 끊임없이 토론하고 이야기하였으며, 또 이러한 토양을 바탕으로 그들 스스로가 성장하게 됩니다. 카페나 살롱은 지식인들의 '공론의 장'이 되어 계몽주의가 활성화되는데 큰 역할을 했고 정신적, 물질적 중심이기도 했지요.

또한 이 시대에 중요한 역할을 한 것이 '비밀결사'입니다. 1717년 런던에서 결성된 '프리메이슨(Freemason)'이 대표적으로, 이것은 여러 가지 비밀의식을 치르는 초(超)종파적 국제 부르주아 남성 결사체를 가리킵니다. 처음에는 도제, 직인, 장인의 3등급에서 출발하여 나중에는 33계급을 갖춘 '박애주의적' 목표를 가진 비밀단체로 성장합니다. 이 프리메이슨의 건물은 1776년에는 198개에 불과했으나 1789년에는 629개로 폭증했으며, 3만 명의 형제단원이 가입합니다. 그 단원 중에는 몽테스키외와 디드로, 달랑베르, 헬베티우스, 볼테르, 프러시아의 황제 프리데릭 2세, 모차르트, 워싱턴, 칸트 등 우리가 잘 아는 사람들도 있습니다. 프리메이슨 단원의 제1원리는 '인간예찬'이죠. 프리메이슨은 지금도 계속되고 있습니다. 이러한 비밀결사 조직이 자유롭게 운영되고 있다는 것이 우리의 동양적 사고와는 조금 다르죠?

계몽주의 시대에 들어와서는 새로운 낱말도 등장합니다. '사회계약론'과 함께 '사회적(social)'이라는 말에 새로운 의미를 부여합니다. 중간계급을 의미하는 'capitalist'와 천박하게 처신하는 경멸적인 인간 집단을 가리키는 'people' 란 말이 등장했는데, 'people' 은 1750년부터는 '나라의 가장 많은, 그리고 가장 중요하고 필요한 부분' 으로 인식되기 시작하고 동시에 '국가' , '국가적' 이라는 말도 새로운 뜻을 가지게 됩니다.

계몽주의는 1815년 혁명 후의 패배와 '인간은 감성적인 동물' 이라 주장한 낭만주의의 반동과 함께 끝이 납니다. 하지만 역사의 진보주의적 관점을 가지고 있는 사람이라면 모두 계몽주의의 후예랄 수 있습니다. 계몽주의는 끝난 것이 아니라, 지금도 이어지고 있다고 볼 수 있죠. 그럼 계몽주의를 몇 가지 키워드를 중심으로 한 번 정리해볼까요?

계몽주의의 키워드

1. 과학과 자연

17세기가 위대한 발견의 시대였다면 18세기는 '응용의 시대' 였습니다. 군주와 철학자들이 자연과학에 열중하기 시작했습니다. 볼테르는 수학, 뉴턴(I. Newton, 1643~1727)은 물리학을 대중화시켰고, 디드로(D. Diderot, 1713~1784)는 해부학과 화학, 생리학을 집중 연구하였습니다. 루소는 식물학에 조예가 깊었죠. 또한 자연사, 생물학이 전면에 등장하기 시작했는데, 뷰폰(Buffon, 1707~1788)이란 학자는 자연사 32권을 1749년에서 1789년 사이, 40년 동안이나 집필하기도 했습니다. 대단하죠. 하지만 이들을 비롯한 대부분의 학자들은 과학의 보편성을 주장하며 과학의 분야 사이에 장벽을 두지 않았습니다.

2. 행복

요즘 우리 교육의 키워드가 '행복'이지요. 행복을 찾자, 행복을 추구하자 등등. 그런데 계몽시대의 철학자 토마스 홉스(T. Hobbes, 1588~1679), 파스칼, 존 로크(J. Locke, 1632~1704)등은 모두 '안정'을 추구했지, 행복에 대해서는 많이 언급하지 않았습니다. 하지만 또 한편 18세기 철학자들은 행복을 많이 언급하기 시작하죠. 예를 들어 루소는 '꿈의 행복'을, 몽테스키외는 '균형의 행복'을, 볼테르는 유용한 '행동의 행복'을 언급합니다. 이런 흐름과 더불어 프랑스혁명의 지도자였던 생 쥐스트(Saint Just, 1767~1794)는 '행복은 유럽에서 새로운 관념'이라고 한 바 있죠. 그는 우리에게는 잘 알려지지 않았지만 신화적 존재였습니다. 그는 프랑스 혁명이 일어난 1789년에 불과 22살의 청년이었고, 공포정치로 유명한 그의 친구 로베스피에르(Robespierre, 1758~1794) 역시 30대 중반에 불과했죠. 이러한 20~30대가 프랑스 혁명의 주축이 되었다는 점은 새삼스럽습니다. 그들은 1794년 '부르주아적 성격이 강하다'는 이유로 같은 해에 처형을 당했죠. 아무튼 이러한 '행복'에 대한 관심은 가톨릭 교육의 이완과 함께 나타나면서, '행복의 권리와 의무가 있다', '정치는 행복을 무시할 수 없다'는 생각으로 확대되게 됩니다.

3. 덕(德)

많은 사람들이 '덕'에 대해 제각기 모델을 찾았습니다. 어떤 이는 스파르타나 로마에서, 어떤 이는 중국 문화에서 찾았습니다. 당시 이슬람은 굉장히 과격하다는 이미지였으나, 반면 실크로드를 통해 뒤늦게 접한 중국 사상은 너무나 온건하고 평화적이었습니다. 그야말로 '덕' 그 자체였죠. 따라서 많은 계몽주의 사상가들이 중국 철학에 심취하기도 했습니다. 볼테르는 침상에 공자(孔子, BC 551~479)의 초상까지 모시고 있었다고 전해지죠. 또한 이 시기에 이미 논어와 주역이 번역되었다고 합니다. 지금도 서양 철학자들 중에는 가장 존경하는 인물로 공자를 꼽는 사람들이 많습니다.

4. 이성

계몽주의 시대는 '인간의 이성'이 핵심입니다. '하느님에 대한 신앙'이 빛이 아니라 '인간의 이성'이 빛이라는 것입니다. 이 시대는 '인간의 이성'에 대해 가장 많은 점수를 준 시대이며, 이성을 존중하였고 신뢰했습니다. 그래서 '일반이성'이란 관념도 출현하게 됐죠.

5. 유용성

18세기는 '유용성'의 기치 아래 독특한 낙관주의를 만들어 냈습니다. 유용성은 모든 것을 압축하는 것이었으며 '도덕성의 기초'가 됩니다. '유용성'이란 말은 1735~1740년 사이에 출현했는데 프랑스 철학자 엘베시우스(Helvetius, 1715~1771)는, '이것이 가장 믿을 수 있는 근거'라고도 했습니다. 그 후 제레미 벤담(J. Bentham, 1748~1832)은 유용성을 '어떤 사물이 얼마간의 악(수고, 고통 또는 고통의 원인)을 보존하고 얼마간의 선(즐거움, 즐거움의 원인)을 얻는 성질 또는 경향이며, 개인의 유용성이나 이익에 일치하는 것, 그것은 그의 행복의 총량을 증대시키는 경향이 있다'고 말합니다. 이러한 공리주의■는 도덕과 이성을 혼합하고 정치를 경제에 예속시키는 것인데, 이는 비단 영국에만 국한된 것이 아니라 볼테르, 백과전서파 등 당시 거의 모든 지식인들이 공유한 사상이기도 합니다.

■ 19세기 중반 영국에서 나타난 사회사상으로 가치 판단의 기준을 효용과 행복의 증진에 두어 '최대 다수의 최대 행복' 실현을 윤리적 행위의 목적으로 보았다

공리주의에 의해 인간 상호간의 온갖 다양한 관계는 '유용성'이라는 단 하나의 키워드를 중심으로 압축적으로 나타나게 됩니다. 돌바크(P. d'Holbach, 1723~1789)는 도덕적 법칙이 사적인 이익으로부터 나온다고 생각하고 사적인 이익과 공적인 이익 간의 조화가 자신의 이익을 위해 행동하는 것으로 가능하다고 낙관하기도 하죠. 또한 유용성과 공리주의가 내가 타인에게 손해를 입힘으로써 이득을 본다는 의미로까지 나아가면서, 개인 대 개인, 인간 대 자연의 착취를 자연스러운 것으로 간주하는 단계까지 접어들죠.

계몽주의의 역사적 함의

슬슬 얘기를 맺어야 할 것 같네요. 마지막으로 계몽주의의 역사적 의미를 간략하게 살펴보고 마치도록 하겠습니다.

계몽주의는 칸트의 말대로 인류가 미성년 상태로부터 해방되는 역사적 계기가 됩니다. 칸트는 '미성년의 상태는 단지 오성의 결핍 때문이 아니라 오성을 사용할 수 있는 결단과 용기의 결핍에 있다'■고 했습니다. 계몽주의는 결국 '인간에 대한 낙관'과 '역사의 진보에 대한 믿음'으로 압축됩니다. 그것은 르네상스, 종교개혁, 17세기 합리론 철학 체계의 후예이기도 합니다. 또한 부상하는 근대 부르주아 계급의 사상적, 정치적 이데올로기이기도 했죠.

■ 『계몽이란 무엇인가?라는 물음에 대한 답변 (Beantwortung der Frage: Was ist Aufklärung? 1784

계몽주의의 가장 큰 특징 중 하나는 종교에 대한 비판과 투쟁이었습니다. 뤼시엥 골드만(L. Goldman, 1913~1970)은 '계몽주의 철학은 비판적이며 반기독교적인 것이다' 고 했습니다. 계몽주의는 중세의 궁극적 가치였던 '신' 이 사망한 이후, 즉 니체(F. Nietzsche, 1844~ 1900)식으로 말하면 '신은 죽었다!' 라는 선언 이후 인간의 이성으로 신을 대신하게 하고 나아가 과학을 새로운 종교에 가까운 차원까지 끌어올려 권력화하게 만듭니다. 과학이 모든 문제를 해결하리라, 과학이 모든 것을 자유롭게 한다, 는 것이죠.

막스 베버는 인간의 사회적 행위를 합리적인 순서에 따라 4가지 형태로 구분한 바 있습니다. 첫 번째는 '도구 합리적 행위' 또는 '목적 수단 합리적 행위' 입니다. 이것은 가장 합리적이고 과학적인 행위로, 목적에 가장 합리적인 수단을 찾는 것입니다. 예를 들면 여행을 가는데 비용과 시간을 고려할 때 기차가 나을지, 버스가 나을지, 비행기가 나을 지 등을 고민하는 겁니다. 비용은 싼데 시간이 너무 많이 걸리거나, 시간은 적게 걸리는데 비용이 너무 비싸다고 한다면, 자신의 상황을 잘 살펴 가장 적정한 시간과 비용이 드는 교통수단을 찾는 것이죠. 두 번째는 '가치 합리적 행위' 입니다. 자신이 생각하는 가장 궁극적 가치에 따라 행동하는 것입니다. 대표적으로 종교적 행위가 여기에 속합니다. 이것은 종교가 세상을 지배한 중세 때 가장 성행했죠. 다음으로는 '감정적 행위' 입니다. 이는 말 그대로 슬프거나 기쁜 '감정' 을 표현하는 행위입니다. 주로 1차적 가족관계에서 많이 일어납니다. 마지막으로 '전통적 행위' 인데요. 여기엔 특별한 이유가 있는 게 아니라, 옛날부터 다들 그렇게 했고 아직까지 그리 하니 자연스럽게 따르는 행위를 말합니다. 베버는 이러한 전통적 행위를 가장 합리성이 없는 행동이라 보았습니다. 서양의 지식인들은 이러한 전통적 행위를 아무런 합리적 근거가 없다고 비판하기도 합니다. 역사와 전통이 없는 이들(또는 나라)에게는 이것이 변명이 되기도 하고요.

하지만 어떤 행위든지 한 유형만 100%로 나타날 수는 없습니다. 이러한 극단적인 4가지 순수유형은 인간의 사회적 행동을 구분하기 위해 사용한 것일 뿐입니다. 즉, X축과 Y축을 두어 어느 축에 가까우면 어떤 형이라고 하는 것처럼, 인간의 사회적 행동을 구분하기 위한 일종의 '순수유형' 인 것입니다. 그런데 이러한 형태 중 근대자본의 이후에 가장 두각을 나타내고 있는 것이 '도구 합리적 행위' 입니다. 이는 수단과 목적 간의 관계만을 설정합니다. 과학적 방법에 나오는 행위가, 바로 이 '도구 합리적 행위' 이기도 합니다. 지금도 우리는 이 거대한 수렁에 빠져있습니다. 이러한 '도구 합리적 행위' 가 부상하면 '포스터 모더니즘(post modernism)' 으로 갈 수밖에 없습니다. 포스터 모더니즘은 쉽게 말하면, '안티(anti) 모더니즘' 이지요. 즉, '과학은 우리를 해방시켜주지 않는다' , '과학적 지식은 자연을 정복하고, 파괴하는 지식이다' 라는 입장입니다. 여기서 '포스트(post-)' 는 두 가지로 해석될 수 있습니다. 하나는 '후기(後期)' 이고 다른 하나는 '탈(脫)' 입니다. 후기로 해석될 때는 연속적인 개념이 됩니다. 계몽주의의 후예인 모더니즘을 버리지 않고, 이 가치를 심화시키고 계승시키면 한계를 벗어날 수 있다는 것으로 가능성을 보는 것입니다. 하지만 반대로 '단절' 과 '탈-벗어나자' 로 해석될 때에는 모더니즘적 가치와 이념을 완전히 버리자는 게 됩니다. 그래야만 모더니즘의 한계, 과학주의의 한계를 극복할 수 있다는 것이죠.

이렇듯 계몽주의는 바로 지금 이 순간 21세기에도 여전히 지구를 맴돌며 영향을 끼치고 있습니다. 많은 서구의 지식인들이 아직도 계몽주의의 유령에 머물고 있습니다. 포스트모더니즘은 인간의 합리성이 모든 것을 해결할 수 있다는 도구적 합리성에 대한 극복을 의미합니다만 이 또한 역설적으로 계몽주의의 영향에서 자유롭지 못하다고 할 수 있겠죠.

社會思想

개인과 집단은 실존적으로 분리될
없습니다. 우리는 출발부터가 타인이
니면 성립될 수 없기 때문이죠. '나'
'너'란 글자를 한 번 보세요. '나'는
으로 향해 있고, '너'는 밖으로 향해
습니다. 불가에서는 '내가 없으면 네
없다'고 합니다. 이를 깊이 성찰하면
인주의와 집단주의가 따로 있을 수 없
니다. 개인을 희생시키는 집단주의 또
있을 수 없는 것이니까요.

6/ 개인주의와 집단주의

집단주의의 의미

집단주의의 형태

개인주의의 의미와 형성배경

개인주의의 다양한 형태

개인주의와 집단주의의 방향 : 개인과 집단의 변증법

6/

개인주의와 집단주의

'인간은 사회적 존재'라는 사실에서 확인할 수 있듯 개인과 집단은 결코 뗄 수 없는 관계입니다. 한 학자는 '사회와 자아는 쌍둥이로 태어난다'고 했습니다. 그만큼 '타자'와 '나', '집단'과 '내'가 밀착돼 있다는 것이죠. 이렇게 밀착된 관계는 태어날 때부터 시작됩니다. 우리는 우리의 출생을 스스로 결정하지 않습니다. 우리는 우리 스스로가 만들어낸 게 아니라 부모님에 의해 만들어진 것이고, 내 의지에 따라 태어난 게 아니라 태어나지게 된 것이란 얘기죠. 이렇듯 모든 개인은 태어날 때부터 완성된 상태로 만들어져 살아가는 것이 아니라 언제나 '타자'에 의해, '집단' 속에서 태어나고 성장하게 되는 것입니다. '나'의 출발 자체, 실존 자체가 '타자'에 의한 것입니다. 이러한 기본 사실만 알아도 우리 주변의 많은 문제가 해결됩니다.

사춘기인 학생들은 곧잘 '나는 나'라고들 생각합니다. 그러면 어른들은 '저게 언제쯤이나 인간이 되려나' 말하기도 하죠.(웃음) 인간은 사회 속에서 형성됩니다. 사회는 구체적으로 집단이죠. 한 인간의 삶 속에는 가족, 군대, 또래 친구 등 여러 많은 집단들이 엉켜 있습니다.

'네가 없으면 내가 없다' 라는 문학적 표현도 있지만, 실제로도 우리가 살아가는 데 있어 타인이 없다면 나 역시 없습니다. 타인과 나는 실존에 있어서 분리할 수 없는 관계입니다. 개인의 실존 자체가 집단이 없으면 형성되지 않는다는 겁니다.

그런데 어떤 경우에는 집단을, 또 어떤 경우에는 개인을 강조하게 됩니다. 이 둘 중 어느 것이 더 먼저냐 하는 질문은 '닭이 먼저냐, 달걀이 먼저냐' 하는 것과 같죠. 그 대답은 시대와 사회, 상황과 여건에 따라 달라집니다. 불가에서 석가모니는 '제행무상(諸行無常)■' , '제법무아(諸法無我)■■' 라며, '모든 것은 변한다' 고 한 바 있습니다. 모든 것이 변하는데 '나' 라는 존재도 마찬가지지 않겠습니까? 석가는 이것만 확실히 깨달으면 공부할 필요가 없다고도 했습니다. '나' 라는 것 자체가 실체가 없고, 모든 것은 변한다는 것을 통렬하게 느끼고 체화하면 모든 것이 극복되는데, 이것이 머릿속에만 있어서 문제가 되고 고통이 된다는 것입니다. 이것이 극복되면 개인주의도, 집단주의도 없어지겠죠.

집단주의의 의미

'이즘(ism)' 이란, 우리말로 '~주의(主義)' , 즉 '~이다' , '~이 옳다고 주장하는 것' 을 뜻합니다. '이데올로기(Ideologie)' 란 어떤 것

■ 우주 만물은 항상 생사(生死)와 인과(因果)가 끊임없이 윤회하므로 한 모양으로 머물러 있지 않는다는 뜻.

■■ 이 세상에 존재하는 모든 사물은 인연에 의해 생기는 것으로, 영원하고 불변하는 본성(本性)인 '나' 는 존재하지 않는다는 것을 뜻하는 말.

에 대한 '담론■'인데, 그것은 완전히 진리도, 또 거짓도 아닙니다. 단지 '부분적인 타당성'을 가지고 있는 말들이죠. 사회주의나 자본주의 같은 것도 지나치게 심각하게 생각할 필요가 없습니다. 이런 말들은 세계를 일정한 틀로 정의(define)한 것들일 뿐입니다. 틀린 것은 아니지만 전적으로 맞는 것도 아니죠. 이것들은 무한한 전체 중 한 부분만을 드러낸 것들입니다. 모든 정의는 이데올로기로 나아갈 수 있죠. 또 모든 말 역시 이데올로기가 될 수 있습니다. 부분을 전체인 것처럼 이야기하면서 말이죠. '집단주의'란, '집단이 없으면 개인도 없다'는 주장입니다. '집단'이 '주(主)'가 되는 것이 마땅하다는 것이죠. 즉, '집단이 핵심'이라는 것인데 그래서 집단주의의 제1원칙은 인간의 사회적 삶은 개인의 자기결정으로 이루어지는 것이 아니라 그가 속한 집단에 의해 우선적으로 결정된다는 것입니다. 집단주의는 원시공동체 시대부터 그 뿌리가 시작된 인간의 가장 오래된 실존양식입니다. 여기서는 나와 공동체가 구분되지 않고, 내가 집단이고 집단이 곧 내가 되죠. 분화되지 않은 자의식입니다. 여기서 개인의 안녕과 자기완성은 집단의 유지와 안녕이 전제될 때라야 비로소 보장됩니다. 또한 집단주의에서는 구성원의 개별적 차이보다는 집단 전체의 통일성과 동질성이 우선적인 가치를 지닙니다. 집단주의에도 여러 단계가 있을 수 있는데 현대사회처럼 분화된 집단주의의 경우, 즉 여러 개의 집단이 서로 융합돼 커지다가 다시 분화되는 과정에서도 각각의 구성요소 속에 또 다른 집단주의가 나오기도 하죠.

■ 담론(談論, discourse)이란, 원래는 '생각할 수 있는 능력'이란 사전적 의미를 갖지만 오늘날에는 특정한 의도를 가진 언술, 발언 등이 집적되어 사회적 호소력을 갖게 된 공적 언술체계를 가리키는 말로 사용된다. 권력효과를 가진 말과 글의 집적이라고 봐도 좋은데 이처럼 '담론'이란 용어가 구체적으로 사용되기 시작한 것은 프랑스 철학자 미셸 푸코(Michel Foucault, 1926~1984)의 통찰에 힘입은 바 크다.

자연주의라는 말은 자연 속에 살고 있던 시절에는 나오지 않았습니다. 이미 자연 속에 살면서 자연이 이미 내가 되었는데 굳이 이런 말이 필요 없었겠죠. 자연주의란 말은 자연과 떨어졌을 때 나오는 말입니다. 자연주의라는 말 자체가 이미 '거리'를 담고 있는 말인 것이죠. 집단주의 역시 개인과 집단이 한 덩어리로 자연스레 일체화되어있을 때에는 나오지 않았습니다. 집단주의란 말 자체가 굳이 필요하지 않았던 그 영점에서, 이후 집단이 점점 커지고 분화되어 구성요소들이 떨어져나가는 과정에서 생겨나게 된 거죠. 상당히 역설적인 일입니다. 이렇듯 대부분의 '~주의'라는 것은 떨어져 나가있는 것들이 전체의 편에서 볼 때 문제가 된다고 해서 하나씩 챙겨나갈 때 나오게 되는 겁니다.

마르크스는 원시공산사회를 공동체와 개인이 가장 소외되지 않았던, 하나로 통일된 사회였다고 보았습니다. 하지만 그 이후 계급이 생기고 산업화와 자본주의로 인간이 착취당하기 시작하면서 하나의 기계 부품처럼 전락해버렸다고 했죠. 그는 이를 극복하고 새로운 공동체를 위한, 소외로부터 벗어난 사회로 나아갈 수 있는 한 방법으로써 사회주의 국가를 주장했던 겁니다. 기독교도 마찬가지입니다. 요한계시록에 '최후의 심판에서 영생을 누린다'는 말이 나오는데 이때 '영생'은 모든 구성원이 하나가 되어 가장 완벽한 통일체가 되는 '소외에서 벗어난 사회'를 뜻하는 것이죠. 즉, 다시 회복되는, 개인과 집단의 분리가 하나로 통일되는 사회를 추구했다는 것입니다.

짧게 정리해보자면, 집단주의란 개별적 차이보다는 집단 전체의 통일성과 동질성을 우선적인 가치로 삼는 주의입니다. 한마디로 집단이 무엇보다 중요한 가치라는 것이고 잃어버린 통일성을 찾기 위해서도 집단이 우위가 되어야 한다는 관점입니다. 인간은 집단 속에서 편안함을 느끼니, 이러한 집단적 가치가 먼저 회복되어야 한다는 것이죠. 과정 전체에서 집단을 우선시하고, 개인의 기여 정도를 논의하고 고민한다는 것입니다.

집단주의의 형태

집단주의는 개인과 집단 간의 밀착과 동일시 정도에 따라 현실에서 다양한 양상으로 나타날 수 있습니다. 극단적으로는 개인이 집단 속에 매몰되어 그 집단과 어떠한 간격과 구별도 자각하지 못하는 합일의 단계에서부터, 집단의 지도부가 구심점이 되어 끊임없이 구성원들을 집중시키는 집단주의까지 무수한 스펙트럼이 존재할 수 있겠죠. 집단주의의 형태에 대한 분류는 따로 없지만, 제가 여러분들에게 몇 가지 대표적인 형태를 중심으로 나누어 제시해보도록 하겠습니다.

1. 귀속적 집단의 집단주의

첫 번째로 귀속적 집단의 집단주의입니다. 이는 사회학적 분류입니다. 태어나자마자 속해지는 집단을 말합니다. 벗어나려 해도 벗어날수 없는, 선택의 여지가 없는 운명적 집단을 말하죠. 사회학에서는 '1차적 집단' 이라고 합니다. 문화공동체인 민족이나 가족, 친족, 신분 등이 여기에 속합니다. 요즘엔 국가는 선택이 가능해졌죠? 가끔

TV를 보면 이런저런 유명한 사람들이 어떤 나라의 국적을 선택했다는 소식을 들을 수 있잖아요. 그러니 국가는 여기서 빼도 되겠네요.

· 가족

1차적 집단의 가장 대표적인 것이 바로 '가족'입니다. 우리는 여기서 가장 원초적인 커뮤니케이션을 하게 됩니다. 또한 전 생애에 걸쳐 가장 지속적인 영향을 받게 되죠. 가족은 초기 사회화의 첫 대행자입니다. 프로이트 식으로 이야기하자면 여기서의 경험이 개인에게 가장 많은 영향을 미친다는 것이죠. 그래서 '세 살 버릇 여든까지 간다'는 말은 굉장히 사회학적인 표현이기도 합니다. 습관이 오래간다는 것인데, 그것의 모형이 '세 살'에 있다는 거죠. 각 개인의 특성(personality) 형성에 중요한 영향을 미치는 것이 태어나서부터 세살까지라는 의미이기도 합니다. 귀속적 집단에 의해 형성되는 초기 사회화가 개인의 특성에 주는 절대적 영향성을 강조하기 때문에 이런 말도 생겨났다고 봅니다. 또 이런 이유 때문에 가문(家門)을 따지기도 하죠. 상황은 반대지만 죽고 나서 3년 상을 지내는 것도 이 같은 이유 때문입니다.

놀랍게도 우리의 취향이나 기호 역시 잠재적으로 결정됩니다. 한민족은 왜 뽕짝(트로트)을 좋아할까요? 예로부터 내려오는 우리의 전통문화, 집단 문화 때문입니다. 제가 프랑스에 있을 때 알게 된 어떤 할머니가 '내 입양된 손녀 아이는 빵보다 쌀밥을 좋아 하는 거 같애'라고 해서 알아보니 그 아이는 태어난지 얼마 안 되어 프랑스에 입양되었던 것이었습니다. 그 후 프랑스에서 자랐는데도 쌀밥을 빵보다 좋아한다는 것이었어요. 이것은 획득의 유전적 형질, DNA때문입니다. 이것이 그 사람에게 점성되어 들어가 있는 것이라 볼 수 있겠죠. 이런 것을 신(新)과학적으로 이야기 하면 '전생의 업보' 라고 해야 하겠죠?(웃음) 이렇듯 귀속적 집단은 우리의 기호까지도 결정하지요. 우리도 모르게 말입니다.

요즘 암 환자가 참 많은데 이 환자들에게 의사들이 가장 먼저 물어보는 말 역시 '가족력 (家族歷, 환자의 가족이나 친척 또는 같이 사는 사람들의 의학적 내력)' 이라는 겁니다. 유전학적으로 가능성을 내포한다는 것인데 역시 사회학적인 말이기도 하죠. 실제로도 암은 유전되는 경우가 많습니다.

· 신분

전통사회에서의 신분은 개인의 사회적 삶에서 넘을 수 없는 경계가 되었습니다. 신분사회에서의 개인은 그가 속한 신분에 의해 규정된 역할을 수행해야 했지요. 우리나라에서도 '양반' 과 '상놈' 이라 하여 각자의 역할이 달랐습니다. 이러한 것이 아직도 남아 있어 '젠틀' 하면 양반이고, 아니면 상놈이라고 합니다. '상놈 집안은 어쩔 수 없다' 며 비하하기도 하죠. 이는 우리 안에 아직도 신분질서가 체화되어 있기에 나타나는 말이기도 합니다.

비켜가는 말로, 우리는 '사랑' 을 왜 그렇게 동경할까요? 대부분의 사람들은 사랑을 위험시 했습니다. 사랑이 가진 맹목성 때문입니다. 사랑은 죽음도 불사하죠. 사랑하는 사람들끼리는 대등한 관계가 됩니다. 이러한 맹목성과 과감성은 그 사람으로 하여금 일차적 집단이 가진 나름의 질서, 즉 위계질서나 신분질서를 깨버리게 합니다. 때문에 사랑은 혁명, 위험한 것이 되는 것이죠. 사랑의 힘이 그만큼 대단하다는 말이기도 합니다.

· 종족

흔히 말해 '종족'은 '토템(Totem, 동물을 섬기는 원시 종교)'을 공유하는 부족을 말합니다. 같은 토템을 가지고 있는 사람들은 식구이기도 합니다. 토템은 그 부족의 깃발이며, 이것으로 같은 식구인지 아닌지 구분이 됩니다. 식구란 함께 음식을 같이 먹는다[食口]는 뜻입니다. 식구라는 것이 얼마나 원초적인 집단인지 알겠죠? 음식을 먹는다는 것은 인간에게 가장 기본적인 행위이며, 이를 함께 하는 집단이 가장 일차적 집단이란 뜻이기도 합니다.

· 민족

'민족'은 귀속적 집단에서 단위가 가장 큰 것입니다. 민족은 단위가 커서 구속력이 적지만 그렇기에 민족적 기억력을 계속 되살려 끄집어내기도 합니다. 민족이 국가로 발전된 경우, 그 엘리트층은 끊임없이 민족주의▪나 국가주의를 중요가치로 내세워왔습니다. 그들은 구성원들의 이상적인 삶이 민족과 국가에 의해서라야만 비로소 실현될 수 있다는 점을 강조했죠. 정치학자들은 20세기에 가장 크게 영향을 끼친 이데올로기로 '민족주의(民族主義)'를 꼽습니다. 그 정도로 민족주의는 크게 확대되어 우리를, 또한 전 세계를 지배했습니다.

2. 비귀속적 집단의 집단주의

출생과 관계없는 모든 집단이 여기에 속하지만 그 농도로만 따지면 동질적 사회분업에 기초한 전통사회의 집단주의보다 오히려 이질적 분업으로 운용되는 현대사회의 선택적 집단들에서 더 강한 집단주의를 구성원들에게 요구하곤 합니다. 전통사회가 기계적이었다면 현대

▪ 독립이나 통일을 위하여 민족의 독자성이나 우월성을 주장하는 사상.

사회는 훨씬 유기적이기 때문이죠. 서양의 '길드(guild)' 나 우리나라의 '보부상' 등 전통적 직업집단은 현대사회의 결사체와는 크게 대비되는 집단주의에 의해 운용되었습니다.

하지만 현대사회에서도 선택적으로 속해지는 '비귀속적 집단' 에서는 강한 집단주의를 요구하는 경우가 많습니다. 이러한 집단의 대부분은 외부와의 경계가 명확하고, 위험 요소에 많이 노출되어 있는데 그 정도가 심할수록 집단주의에 대한 요구도 비례하지요. 예를 들어 산악회를 한번 보세요. 여기서는 집단이 정한 룰과 원칙이 구성원들에게 강하게 요구됩니다. 개인행동은 절대 안 되죠. 항상 홀수로 조를 짜서 가도록 하기도 합니다. 짝수가 되면 동수가 나올 경우 결정을 할 수가 없기 때문입니다. 이렇듯 개인의 생명이 전체에도 강한 영향을 미칠 수 있는 집단일수록 강한 집단주의를 요구합니다. 대표적인 게 군대죠. 군대는 내(內)집단을 확보해야만 생존할 수 있는 곳입니다. 내부 규율과 규칙 등을 강하게 요구할 수밖에 없겠죠. 또한 마피아 조직과 같은 비합법적인 조직들도 강한 집단주의를 요구하기도 합니다. 이렇듯 이질적인 현대사회에서도 강한 집단주의를 요구하는 경우가 많죠.

3. 집단주의의 형성 원리와 전망

개인과 집단 간 융합의 '이념형(Ideal-type)적' ▪ 전형은 앞서 얘기한 바와 같이, 소규모의 원시공동체에서 존재합니다. 소규모의 원시공동체에서처럼 공적 영역과 사적 영역이 융합되어 있는 경우, 집단

▪ 막스 베버(Max Weber, 1864~1920)의 사회과학 방법론 개념의 하나로, 현상의 본질적이고 특징적인 측면만을 추출하여 순수화된 형태로 구성한 것.

과 개인의 구별은 의식되지 않고 따라서 집단주의를 따로 강조할 필요도 없게 되지요. 집단주의는 집단의 공적 영역과 사적 영역이 모순되고 틈이 발생함으로써 종전의 통일에 부정적일 때부터 역설적으로 전면에 나오게 되는 것입니다.

예를 들어, 근대 국민국가의 성립 이후 종전의 귀속적 집단의 구성원들은 국가라는 새로운 집단 속에 통합될 필요가 있었습니다. 부족이 모여 국가 단위로 갈 때 부족이라는 중간 집단을 버리고, 국가라는 전체 집단으로 합쳐지게 됩니다. 상위 부족이 하위 부족들을 국가라는 새로운 틀 안에 하나로 통합하는 것입니다. 전체를 총괄하는 지배 엘리트들은 다양한 통로를 통해 끊임없이 상위집단을 만들어 하위집단들을 통합하려 했지요. 집단주의를 통치 이데올로기로 이용하게 됐다는 말입니다. 이 과정에서 그들은 기존의 하위집단들이 가지고 있던 소소한 특징들을 버리고 새로운 집단에 하나로 통합, 융해되기를 바랐습니다. 여기서 현대적인 의미의 국가주의, 민족주의가 만들어졌고, 각종 기념일과 의식 등이 발명되어 더욱 통합된 의식을 꾀했습니다.

일반적으로 집단의 단위가 커지고 분화가 가시화될수록 개별화의 경향이 확산됩니다. 이러한 개별성의 증대가 새로운 생활이념으로 안착되기까지는 집단주의가 강조되는 경향이 있습니다. 하지만 '나'와 '너'가 '우리' 속에 '하나'가 된다, '집단과 개인의 불가분성이 인간실존의 본질이다' 등의 명제들을 초월해야만 다시금 살아날 수 있습니다. 우리는 모두 '나'와 '너'의 위에 있는 '사랑'이라는 개념으로 같이 소속되어 있는 것입니다. '너'와 '나'를 조정하고, 공고히 할 수 있고, 변증법적 합의가 가능한, 그것의 위에 있는 것이 바로 '사랑'이죠. 이것이 종교일 수도 있을 겁니다. 종교는 가장 원초적인 형태의 사랑입니다. 우리는 우리를 넘어서는 신성한 무언가가 있어야 합니다. 이것이 집단이기도 하죠. 내가 나를 통제하기도 하고 너를 통제하기도 하는데 이때 너와 나는 하위개념이 됩니다. 이것이 집단주의의 형성원리라는 것이죠.

요즘의 집단주의는 옛날과는 많이 다릅니다. 이는 개인이 집단에서 얼마나 분화되어 나오는가, 즉, 개인과 집단의 상대성에 따라 차이가 나죠. 또 그 농도와 성격도 달라지고요. 이는 사회의 전체적인 변화 과정과 더불어 구체적으로 결정됩니다. 그러나 우리는 너무나 급변하고 있어요. 예를 들어 가족관계를 볼까요? 옛날의 가족관계와 지금의 그것은 상당히 다릅니다. 옛날에는 애들이 살림 밑천이라 할 정도로 애나 어른 할 것 없이 생산 과정에 모두 참여했습니다. 가족 안에서 생산과 소비가 같이 이루어진 거죠. 하지만 요즘은 소비 단위로만 연결되어 있어요. 특히 핵가족 안에서 말이죠. 이와 더불어 가족주의의 내용도 달라졌습니다. 옛날에는 가족 모두가 생산 활동에 참여했던 만큼 현실적인 생산 수단의 보장이 되거나, 심지어 먹을 것이 없으면 같이 굶어 죽을 것을 함께 걱정하기도 했습니다. 즉, 생계를 함께 고민했던 거죠. 하지만 요즘은 정서적으로만 연결되어 있죠. 가족이라는 정서적인 공감대, 유대감만 있어요. 이렇듯 같은 가족이라 하더라도 내용, 즉 콘텐츠가 다릅니다.

개인주의의 의미와 형성배경

그럼 이번엔 개인주의에 대해 한 번 살펴보죠. 우리말로 '개인주의', 영어로 'individualism'이란 말은 라틴어 'Individiuum = indivisible'에서 유래했습니다. 개인주의는 국가, 교회, 사회계급 혹은 다른 사회적 범주보다 '개인'이 우선한다는 사상입니다. 개인이 궁극적인 가치를 가지고 개인의 행복을 위해 집단과 국가도 존재한다는 것입니다. 개인주의는 더 이상 나눌 수 없는 '최소단위'를 개인이라고 봤습니다. 하지만 이 최소단위를 나라별로 다르게 보기도 하는데 예를 들어 영국이나 미국에서는 개인을 최소 단위로 보지만, 프랑스에서는 가족을 최소 단위로 보죠. 이 때문에 여름휴가를 갈 때, 미국은 개별적으로 각자 가고 프랑스는 가족들과 다 함께 가는 경향이 나타나죠. 참 재밌죠?

사상적으로 개인주의의 선구는 스토아학파■와 에피쿠로스학파■■이며, 회의론자들의 현자(賢者), 혹은 철인(哲人)의 개념 중에서 발견됩니다. 이 세상의 일이란 것이, 집단주의의 가치관에 의해 통제돼있게 마련이지만 현자는 그러한 세속에 거리를 두고 그 가치 역시 상대화할 수 있다고 본 것이죠.

역사적으로 보면 이러한 개인주의 사상은 희랍의 경우엔 도시국가가 와해되는 헬레니즘시대부터 시작됩니다. 바깥세상으로부터 방어와 매개 역할을 해주던 도시국가가 점차 붕괴되자 개인은 바깥세상

■ 기원전 4세기 말에 그리스의 철학자 제논(Zenon. B.C 335~263)이 창시한 철학의 한 파로, 유물론과 범신론적 관점에서 금욕과 평정을 행하는 현자를 최고의 선으로 보았다.

■■ 스토아학파와 함께 헬레니즘 시대를 대표하는 철학 유파로, 에피쿠로스(Epicurus. B.C 341~271)의 학설을 신봉하는 철학의 한 학파이다. 감각적인 쾌락을 물리치고 간소한 생활 속에서 영혼의 평화를 찾는 데 목적을 둔 학파지만 쾌락주의라는 기치 때문에 많은 오해와 비난을 받기도 했다.

과 직접적으로 연결될 수밖에 없었고, 때문에 자신의 안정을 가장 우선적으로 중요시하게 된 거죠. 이것이 서구 개인주의의 원형이며 이후 이러한 경향은 르네상스를 거쳐 근대 유럽에서 사상의 한 형태로 부상하기 시작합니다. 우선 종교 면에서는 중세적인 교회 중심적 체제에 반대해 각 개인의 신앙의 내면화가 주장되기 시작하죠. 또한 가톨릭의 보편주의에 대항한 개인주의적인 반역이 '프로테스탄티즘(Protestantism, 改新教)'으로 나타났습니다. 정치적 개인주의는 영국의 경우에는 17~18세기 초에 홉스와 로크 등에 의해 전성기를 맞이합니다. 이 두 사람은 개인주의의 대표적인 사상가들이죠. 개인주의는 1650년에서 1850년 기간의 고전적 자유주의와 자본주의의 부상과도 밀접한 연관이 있습니다. 한마디로 개인주의적 관념은 근대 이후 서양의 정치와 사회사상에 두루 영향을 미친 바탕이 되었습니다. 정치이론, 경제이론, 종교교리, 도덕론, 심지어 문학에서까지 유사한 관념들을 발견할 수 있습니다.

개인주의의 다양한 형태

개인주의는 작동되는 영역에 따라 다양한 형태로 발현됩니다. 대표적인 것이 정치적 개인주의, 경제적 자유주의, 종교적 개인주의와 방법론적 개인주의입니다. 18세기 산업혁명과 시민혁명을 통해 경제가 성장하고 신분질서가 무너지면서 정치적 개인주의와 경제적 자유주의가 등장합니다. 종교적 개인주의란, '교단이 필요 없다', '복음과 내가(개인 각자가) 직접 만나면 된다', 즉, '무교회주의자'들을 말합니다. 가장 극단적인 개인주의라 볼 수 있습니다. 방법적 개인주의는 모든 사회적 실체를 기본적으로는 개인 행위들의 집합으로 파악한 것으로, 영국과 미국 계통의 사회과학자들이 많이 주장했습니다. 이밖에 개인과 집단 간의 결합성 정도에 따라 극단적인 유아론(唯我論)■과 범아일체론(梵我一體論)■■이 있고, 이기적 개인주의와 도덕적 개인주의도 있습니다.

18세기에는 '양적 개인주의'가 등장합니다. 칸트와 피히테(J. Fichte 1762~1814)로 대표되는 양적 개인주의는 '양적 개인', '양적 개체성'에 주목합니다. 이것의 특징은 '자유'와 '평등'을 결합시켰다는 점입니다. 개인의 자유는 바로 그 개인이 인류라는 보편적인 유적(類的) 존재와 일치를 통해서라야만 가능하다는 신념이죠. 즉, 인간은 평등이 전제된 것에 한해서만 자유롭고, 이러한 점에서 인간은 '양적 개인' 또는 '양적 개체'로 존재하게 된다는 것입니다. 게오르그 짐멜은 집단이 고려되는 개인주의를 주장했습니다. 집단의 안녕이 나와 분리되지 않는다는 입장입니다. 그는 18세기의 개인주의를 '양적 개인주의'라며, 자유를 추구하면 평등과 일치되는 것이라고 했습니다. 부르주아가 자유를 주장하면 귀족과 같아진다는 얘기죠. 즉, 귀족의 굴레에서 벗어나 자유롭게 되고 신분과 계급에 상관없이 인간이라면 누려야할 똑같은 양의 자유와 평등을 누리게 된다는 것입니다. 이런 사상을 바탕으로 프랑스에서 인권선언이 나오고 시민혁명도 일어난 것이죠. 자유와 평등이 함께 하는 것은 18세기 개인주의의 특징이랄 수 있습니다.

■ 실재하는 것은 자아(自我)뿐이고, 다른 것은 자아의 의식 속에서만 존재하는 것이라는 이론.

■■ 우주의 큰 이치가 개인에게 있다는 이론.

18세기가 양적 개인주의를 바탕으로 한 시대였다면, 19세기에는 질적 개인주의가 발달하게 됩니다. 18세기 후반에서 19세기에 들어서면 개인들에게도 분화가 일어나죠. 집단 뿐 아니라 계급, 노동 등 다양한 범위에서 개인의 독특한 모습들이 분화되기 시작하여 도저히 통합될 수 없는, 남과는 겹쳐질 수 없는, 개별적으로 분화된 개인주의가 일어나게 됩니다. 이러한 개인의 질적인 특성, 개체성과 특수성의 원리에 의한 개인주의를 '질적 개인주의' 라고 하는데, 이는 개개인이 가진 각자의 독특한 특성으로 인해 비교 자체가 불가능하다는 비교불가능성과 혼동불가능성을 주장했고 개인적 유일성의 발달과 촉진을 윤리적 과제로 강조했습니다. 이것이 심화되어 나와 너는 절대 같아질 수 없다는 단계까지 나아가면 이기적 개인주의가 되는 것이죠. 여기까지 나아가게 되면 평등과 자유는 분리되고 심지어 모순까지 생겨나게 됩니다.

'질적 개인주의' 를 철저하게 옹호한 대표적인 학자는 니체와 괴테(J.W Goethe, 1749~1832)입니다. 니체는 사람이 성장하는 데는 질적 차이가 있다고 보았습니다. 사람의 인격화에는 서열화가 생기게 마련이고, 사람마다 인격적 차이가 있다고 본 것입니다. 그는 모든 사람을 똑같이 보는 것에 반대했고 사회질서에서 개인과 집단 사이의 불평등은 당연한 것으로 보았으며 민주주의는 어리석은 것이라고 생각했어요. 즉 그의 이러한 생각은 귀족적 개인주의이기도 했는데 이 지점에서 마르크스와 대치점이 생기게 되죠. 이러한 질적 개인주의, 개별적 개인주의에 영향을 미친 것이 문예사조로는 '낭만주의' 입니다. 낭만주의는 인간은 모두 이질적인 존재라서 고전적이고 합리적이며 보편적인 기준에 들어갈 수 없으니 이러한 것에서 벗어나자는 주의입니다. 이러한 관점에서 본다면 인간은 평등해질 수가 없는 거겠죠.

반면, 이런 사상에 반대해서 생겨난 것이 사회주의입니다. 개인이 다 뿔뿔이 흩어져 공동체가 무너지면 아무 것도 할 수 없다는 것이에요. 사회주의적 관점에서 보면, 개인의 자유와 평등이 분리되면 박애까지 분리되고 없어지는 것입니다. 개인이 지나치게 강조되는 사회에서 새로운 공동의 둥지를 찾자며, 새로운 공동체 추구와 탐색을 모색했던 큰 흐름이 19세기 사회주의로 나타난 것입니다.

개인주의와 집단주의의 방향
: 개인과 집단의 변증법

앞서 이야기한 것들을 정리해보겠습니다. 개인주의와 집단주의는 특정 사회의 역사적 변동과 밀접한 관계를 갖고 교차됩니다. 개인과 집단이 하나로 융합돼 있던 원시 토속사회에서는 개인과 집단을 분리하는 어떤 관념 체계도 발현될 수 없었죠. 집단으로부터 개인의 분리는 전체 환경으로서의 집단이 와해되거나 집단 내의 잉여 생산물 축적이 계급질서와 사회적 불평등을 가시화시킴으로써 현실화됩니다. 서구에서 18세기 개인주의는 합리주의의 비호를 받으면서 기존 구체제를 붕괴시키고 이성적 개인을 역사의 새로운 주체로 등장시켰습니다. 또한 프랑스 혁명 후의 무질서는 보편적 합리주의에 대한 한계와 함께 개별적 특성에 대한 관심을 고조시켰습니다. 질적 개인주의의 토양을 형성한 배경이기도 하죠.

그러나 19세기를 지나면서 계몽주의의 중요한 바탕이었던 공리주의는 극단적인 이기주의로 변질됩니다. 다수의 개인이 공동체로부터

축출되는 역설을 낳게 되죠. 19세기부터 본격화되는 사회주의는 기존의 둥지에서 소외된 다수의 개인들에게 새로운 공동체를 마련해주기 위해 탄생한 또 다른 집단주의랄 수 있습니다.

개인과 집단은 실존적으로 분리될 수 없습니다. 우리는 출발부터가 타인이 아니면 성립될 수 없기 때문이죠. '나'와 '너'란 글자를 한 번 보세요. '나'는 안으로 향해 있고, '너'는 밖으로 향해 있습니다. 불가에서는 '내가 없으면 네가 없다'고 합니다. 이를 깊이 성찰하면 개인주의와 집단주의가 따로 있을 수 없습니다. 개인을 희생시키는 집단주의 또한 있을 수 없는 것이니까요. 개인을 희생시키는 집단주의는 대부분 엘리트가 요구합니다. 엘리트들은 대부분 '우리가 남이가!' 하죠. 하지만 엄밀히 말해 우리는 '남'이죠. 그들은 제 것을 챙기기 위해 다른 사람들을 '남'이 아닌 '우리'로 엮으려 합니다. 하지만 이는 착취로 이어질 수 있습니다. 그래서 집단주의는 언제나 음흉한 착취의 메커니즘으로 이어질 수 있는 위험을 갖지요. 앞서 말한 바 있는, 주장하는 것의 이면에는 언제나 이해관계가 깔려있게 마련이라는 얘기를 여기서 한 번 강조해두려 합니다.

유가(儒家)에서 많이 쓰는 '수신제가치국평천하(修身齊家治國平天下)'라는 말에서 '수신'할 때는 집단이 없습니다. 제가의 '가'는 가문, 유가, 종교집단 등을 뜻하죠. 이것들 중 상황에 따라 집단으로 다르게 해석되는 것이고요. 성인들은 '수신'에서 '평천하'로 바로 도약했습니다. 이렇게 나 자신이 우주와 같이 간다고 생각하면 집단주의는 의미가 없어집니다. 참으로 '범아일체'가 되면 그처럼 절대 자유와 평등이 가능하고 착취의 개념이 없어지는 것이죠. 무엇이든 단위가 커지면 착취가 발생됩니다. 이것이 종교든, 기업이든, 권력이든 무엇이든지 간에 마찬가지에요. 모든 제국주의가 그러했습니다. 제국주의 중에 식민지 국가를 침략하고 약탈하면서 '당신들을 위한 것'이라고 말하지 않은 나라가 없습니다. 따라서 우리는 항상 누구를 위한 집단주의인가를 생각해야 합니다. 집단주의를 주장하는 사람이 누구인지, 혜택 받는 사람은 누구인지를 지식사회학적으로도 분석해야 합니다. 다시 말하지만, 참된 공동체에는 '착취'의 개념이 없어야 합니다.

질의응답

Q. 선생님 말씀 중 요즘 가족들은 정서적으로만 연결되어있다고 하셨는데요. 어떤 뜻인지 좀 더 얘기해주시면 좋겠습니다.

그나마 '정서적'으로 연결되어 있다고 보는 편인데요, 옛날에는 생산과 소비활동을 함께 하면서 자연스레 정서적 공감대와 유대감이 형성됐습니다. 옛날 사람들은 가족들에게 '사랑한다'는 표현을 잘 하지 않았죠. 하지만 요즘은 자주 합니다. 그러면서도 불안해하죠. 요즘의 '사랑한다 I love you'는 표현은, 영어로 하자면 'I like' 수준밖에는 되지 않는 것 같아요. 서양에서는 오히려 'l love you'를 잘 쓰지 않죠. 굉장히 신중하게 씁니다. 'I love you'라는 표현을 썼다면 그야말로 '올인(all in)'하죠. 하지만 우리나라는 '사랑해, 사랑해'를 남발하면서 속된 말로 '어장관리'를 해요. 할아버지, 할머니들도 사랑해, 사랑해, 외치고 있어요. 우리나라가 그만큼 가벼워진 겁니다. 요즘은 또 결혼과 동시에 이혼을 생각한다는 말도 있더군요. 혼인신고도 애 낳고나면 그때서야 한다는 사람도 있고요. 사람 앞 일이 어찌될지 모르니 불안해서라고 합니다. 상대편의 마음이 언제 식을지 모른다는 불안감 말이에요. 옛날이라면 상상할 수 없는 일이죠. 정서적으로만 연결되어 있으니 불안한 겁니다. 심지어는 이런 정서적인 부분조차 확인하지 않고 결혼하는 부부들도 많다지요. 이혼율이 높은 것도 이 때문이고요. 정서적인 것 뿐 아니라 생활을 통해 단단하게 쌓이는 유대감을 회복할 필요가 있습니다.

社會思想

자본주의의 모순에 대한 면밀하고
합적인 폭로와 그에 대한 사회주의적
안은 마르크스에 의해 비로소 체계적으
이루어집니다. 그래서 '과학적 사회주의
라고 이야기하는 것이죠. 물론 마르크
주의를 포함한 사회주의가 자본주의의
든 모순을 실질적으로 해결할 수 있는지
또 실질적 대안이 될 수 있는지에 대해
는 보다 깊이 있는 질문이 필요할 것입니다

7/자본주의와 사회주의

산업혁명

시장사회의 출현

적나라한 자본주의의 상징, 영국의 맨체스터(Manchester)

자본주의의 혁명적 생산력:분업과 노동의 소외

자본주의 경제체제는 모든 것을 상품으로 전환한다.

자본주의 경제체제는 모든 것을 금전관계로 전환한다.

사용가치 〈 교환가치, 이미지와 복제가 판을 치는 사회

욕구를 끊임없이 만들어 내는 사회

사회주의

사회개혁을 정치적 민주주의와 프랑스혁명의 기억과 연결시키는 교의들

뒤르켐에 있어서의 사회주의

자본주의와 사회주의의 동적 관계

7/

자본주의와 사회주의

자본주의(capitalism, 資本主義)는 현재를 지배하고 있는 경제체제입니다. 인류 역사상 자본주의만큼 인간의 사고방식이나 생활양식에 강력한 영향을 끼친 것이 없죠. 그러니 자본주의를 제대로 이해한다면 지금 우리 사회에서 일어나는 다양한 문제들도 제대로 볼 수 있을 것입니다. 실제로 많은 문제들이 자본주의에 의해 심화되거나 촉진되고 또 왜곡되고 있기 때문입니다.

자본주의를 이해하기 위해서 반드시 거쳐야 할 사상가가 마르크스인데, 서구에서 마르크스의 사상은 한 물 간 사상처럼 취급받고 있기도 합니다. 하지만 역설적으로 대한민국에서는 여전히 설득력을 갖습니다. 왜냐하면 아직도 우리 사회는 자본주의의 모순이나 특성들에 생생하게 영향 받고 있기 때문이에요. 생각해보면 21세기인 오늘날 지구상에서 가장 자본주의적인 국가가 바로 대한민국이 아닌가 싶습니다. 요즘 인문학 열풍이 분다는 데 마르크스를, 또 그의 대표적 저작인 「자본론(Das Kapital)」을 공부하는 모임들도 많다더군요. 사람들이 왜 다시금 그것들을 공부하는지 생각해볼 필요가 있습니다.

자본주의의 목적은 이윤 추구에 있습니다. 이윤, 상품생산, 시장.

이 3가지가 자본주의의 주요 키워드입니다. 이윤은 상품생산을 통해 이루어지죠. 이를 지배하는 경제체제가 바로 자본주의입니다. 자본주의와 시장은 기업가에겐 조국과도 같은 것이죠. 기업가는 시장 속에서 자본의 확대와 재생산, 이윤추구를 목적으로 삼습니다. 이는 기업가에게는 절대 절명의 역할이며, 존재 이유이기도 합니다. 그들에게는 애국주의를 논할 수 없습니다. 국적도 필요 없어요. 다국적기업이 나타나는 이유도, 더 많은 국가에서 더 많은 이윤을 확보하기 위해서죠. 그들에게는 오직 이윤과 시장이 가장 중요합니다. 이윤과 시장이 그들의 국적입니다. 이윤추구 외의 모든 것이 부질없는 셈이죠.

산업혁명

자본주의의 발동은 세계사적으로 '산업혁명(industry revolution)'입니다. 'industry', 이 말의 뜻은 '산업'이기도 하고 '공업'■이라고 번역되기도 합니다. 전체를 통칭하여 '산업혁명'이라고 하는데, 생산의 기반이 농업 등 원초적인 1차 산업에서 제조업인 2차 산업으로 바뀌어 간다는 것을 의미합니다.

산업혁명은 18세기 중엽 영국에서 처음 시작됐습니다. 혁명은 기술혁신을 기반으로 사회와 경제구조의 변혁을 가져왔지요. 특히 영국은 1588년 스페인의 무적함대를 격파함으로써 16세기 내내 진행된 네덜란드, 스페인과의 해상권 쟁탈전에서 최후의 승자가 된 바 있

■ 당시 산업의 대표주자가 '공업'이었기 때문에 이 공업에 혁명적 변화가 일어났다는 뜻으로 사용.

었습니다. 17세기에는 모직물을 비롯한 상품무역과 노예시장을 독점했고, 유럽과 북미 식민지, 인도를 연결하는 황금의 삼각 무역을 통해 막대한 상업적 부를 축적했죠. 산업혁명은 이런 흐름과 더불어 먼저 면공업 분야에서 일어납니다. 면공업의 발전은 모든 산업의 발전을 촉진시키고 특히 기계생산을 중심으로 철 공업, 석탄업, 기계공업의 발전을 이루었습니다. 면공업에서의 기술혁신이 노동력 절감을 가져왔고, 철 공업에서는 자본을 절약할 수 있었기 때문입니다. 당시 공장은 이른바 '매뉴팩처(manufacture)' 라는 공장제 수공업에 불과했는데, 이 소규모의 공장이 당시의 산업기반과 삶을 송두리째 변화시킨 불씨가 되었습니다.

시장사회의 출현

자본주의 사회에서 '시장' 이라는 것은 특별한 의미를 가집니다. 우리나라는 예로부터 '사농공상(士農工商)' 이라 하여, 선비, 농업, 공업, 상업 순으로 배열한 뒤, 상업을 제일 천한 것으로 여겼습니다. 이는 유럽 중세시대의 장원제도■의 바탕이기도 했죠. 그러나 상업이 새롭게 떠오르면서 '상공농사' 의 순으로 바뀌게 됩니다. 상업이 뜨면서 같이 떠오른 부류가 바로 '부르주아(bourgeoisie)' 입니다. 그들은 상업의 발달로 부를 축적하여 새로운 지배계급으로 성장합니다. 도시 상공인들, 즉 부르주아들이 그 사회, 그 국가의 경제에 바탕이 됐던 거예요. 하지만 신분제 사회에서 '돈' 은 있지만 참정권이 없었던 그들은, 축적한 부를 바탕으로 정치에 대한 참여를 꾀하기 시작합니다.

■ 장원(莊園)은 유럽 중세시기 지배적이었던 자급자족 경제의 단위이자 봉건적 토지소유형태를 말함.

그리고 이것이 바로 '시민혁명(bourgeois revolution, 市民革命)'입니다. 신분을 철폐하게 한 물질적 바탕이 된 것이 바로 산업혁명이었죠. 이때부터 시장은 더욱 힘을 갖게 됩니다. 부르주아들은 시장이 우리를 자유롭게 한다고 주장했어요. 여기서는 언제나 부르주아가 주인공이며 프롤레타리아(proletariat)는 동원되는 세력에 불과해지죠.

시장사회의 등장 배경은 크게 다음과 같습니다. 시민혁명에 의해 사람들은 타고난 신분이 아니라, 활동의 결과에 따라 지위가 정해지고 자유롭게 개인적 이익을 추구할 수 있게 됩니다. 사회에서 수행되는 거의 모든 일이 '화폐'로 보상되는 체계, 즉 경제생활의 화폐화가 진행되는 것이죠. 모든 것이 화폐로 교환되고 보상되는 사회가 된 것입니다. 시장에서는 이윤창출을 위한 상품의 매개가 필요한데, 이것이 바로 돈, 화폐였죠. 화폐가 지닌 사회적 효과는 상당합니다. 짐멜은 「돈의 철학(Philosophie des Geld)」이란 책까지 썼는데 이 책은 마르크스의 사상을 보완하면서 마르크스가 미처 보지 못했던 자본주의 사회의 여러 모습들을 잘 묘사합니다. 여러분도 기회가 되면 꼭 읽어보면 좋겠습니다.

또한 규제와 조정이 사라지고 자유롭게 작동하는 시장수요의 압력이 경제를 움직입니다. 이른바 시장사회가 출현하게 된 것입니다. 국가의 간섭을 최소한으로 줄이게 되고 경제 영역의 활동은 그것을 둘러싼 여타 사회생활의 모태로부터 떨어져 나오기 시작하죠. 18세기에 나온 '양적 개인주의'는 '천부인권(天賦人權)'의 개념에 바탕 한 모든 개인은 국가 및 법률로 이루어진 공동체에 앞서 모든 중요한 결정권을 갖는다고 주장합니다. 이때 자유는 귀족과 평등하게 참정권을 가질 수 있다는 걸 의미하죠. 또한 자유와 평등, 박애는 그 어떤 모순도 없이 일치하는 것으로 인식됐습니다. 역사는 진보한다는 믿음 속에, 영주제와 신분제 등 봉건적 구속의 폐기만 걷어내면, 개개인이 자유와 평등과 박애를 서로 간에 아무런 모순 없이 누릴 수 있는 사회가 될 거라고 생각했던 거죠. 초기 자본주의는 이렇듯 개인의 자유와 사적 이익을 담보하면, 결국 '공공의 선 [공리, 公利]'이 만들어지리란 낙관론에 기반하고 있었습니다. 쉽게 말해 개인이 잘 살면 다함께 잘 살게 된다는 것이었죠.

예전에는 경제활동이나 기업이 크게 중요하지는 않았습니다. 경제활동이 주로 종교활동에 종속돼있었기 때문이죠. 경제는 부르주아 사회에서 본격적으로 부상하게 된 것입니다. 이른바 근대산업혁명 이후가 되면 부르주아들이 정치나 경제 영역에서 결정권자로 전면 등장하게 되고 경제가 최고의 가치가 된 것이죠. 경제가 인간사회 전체를 지배하는 새로운 체제가 형성된 것도 이때부터입니다.

부르주아는 봉건제의 잔재를 청산하는데 핵심적이고 긍정적인 역할을 했습니다만 자본주의의 진행과 더불어 기업과 상품, 이윤, 시장 등을 둘러싸고 다양하고도 새로운 불평등체계를 만드는 원인이 되기도 했습니다. 이런 불평등 체계를 '계급'이라고 표현하기도 하죠. 당시의 많은 지식인들이 사회적 불평등은 언제나 새로운 방식으로 변형될 뿐이지 결코 사라지지는 않는다고 했어요. 어떤 사회든지 불평등이 있으며, 새로운 사회로 나아가더라도 다른 형태로 변형될 뿐이지 없어지지는 않는다는 겁니다. 이에 마르크스는 계급이 없는 사회를 주장하고 또 꿈꿨지만 결국 실패했죠.

적나라한 자본주의의 상징,
영국의 맨체스터(Manchester)

고대 아테네가 직접 민주주의의 상징이라고 한다면, 영국의 맨체스터는 근대 자본주의, 산업혁명의 상징이랄 수 있습니다. 1727년 대니얼 디포(Daniel Defoe, 1659~1731)는 맨체스터를 촌락에 불과하다고 묘사한 바 있지만 그로부터 40년이 지난 후 맨체스터는 100개의 서로 연관된 공장들과 기계공단, 용광로, 피혁 및 화학공장 등으로 이루어진 거대한 공단지역으로 변하게 됩니다. 근대적인 산업도시로 탈바꿈한 거죠.■ 영국의 총리 디즈레일리(B. Disraeli, 1804~1881)는 '맨체스터는 아테네만큼이나 인간이 이룩한 위대한 업적이다.' 라며 맨체스터를 찬양하기도 했습니다. 이처럼 자본주의의 상징이자 성지라 일컬어지는 영국에서는, 자본주의의 반대 개념이랄 수 있는 '복지' 역시 가장 먼저 등장하게 됩니다. 원래 모순이 심화되면 그 반대의 개념이 나타나게 마련이죠. 자본주의를 가장 먼저 시행한 나라니만큼 그 모순도 가장 심화되어 나타났고 이를 해결하기 위한 장치로 '복지' 에 대한 고민이 시작된 거죠.

자본주의의 혁명적 생산력:
분업과 노동의 소외

자본주의는 생산력을 폭발적으로 확산, 증가시킨 분업(division of labour, 分業)의 등장과 밀접한 관련을 갖습니다. 분업에 대해서는 경제

■ 〈자본주의 어디서 와서 어디로 가는가〉, 로버트 L. 하일브로너 외 지음, 홍기빈 옮김, 2010, 미지북스

학의 아버지, 시조라 일컬어지는 애덤 스미스(Adam Smith, 1723~1790)가『국부론』■에서 잘 다룬 바 있죠. 이 책은 국가의 부(富)의 본질은 무엇인가, 그 원천은 무엇인가에 대한 질문과 답변을 담고 있는데 우리가 잘 주목하지 않고 지나치는 사실 중 하나는 애덤 스미스가 '스코틀랜드 계몽주의'■■의 주요 멤버라는 것입니다. 이는 매우 중요한 사실인데, 스코틀랜드 계몽주의 사상에는 마르크스가 이야기한 계급 불평등에 대한 내용이 원초적으로 언급돼 있기 때문이에요. 애덤 스미스는 개인이 합리적인 이성에 의해 자신의 이익을 위한 선택을 하면 시장의 이익, 즉 국가의 이익에도 이바지한다, 다시 말해 개인의 이익은 자연스레 공동의 이익으로 이어진다는 낙관론을 가졌습니다. 왜냐하면 당시 계몽주의자들은 인간의 이성에 대한 전폭적 믿음을 가지고 있었기 때문이죠. 그는 교환을 인간의 본능에 가까운 행위로 보았고 따라서 교환을 바탕으로 한 자본주의 체제야말로 인간에게 가장 적합한 체제라고 보기도 했죠.

그에 반해 장 자크 루소는 교환은 이익 때문에 이뤄지는 행위로 보았습니다. 루소는 상당히 중요한 인물로 그의 사상은 사회주의와 자유주의로 나아가는 분기점이 됩니다. 그의 이론에는 자유주의와 사회주의적 요소가 모두 들어있는데, 구성원 전체의 공익을 강조한 '일반의지'라는 개념 때문에 사회주의의 흔적이 있고, 인간은 아무런 간섭을 받지 않고 자신의 행복을 누릴 수 있는 권리를 가진다는 자유의 개념은 이후 서구의 자유주의에 많은 영향을 미치게 되죠.

■ 약칭 국부론. 1776, 원제는 '국가들의 부의 본질과 원천에 관한 연구', An Inquiry into the Nature and Causes of the Wealth of Nations

■■ 스코틀랜드 계몽주의는 18세기 스코틀랜드 사회의 발전 시기에 발생한 계몽주의적 사조이다. 철학, 경제학, 기술, 건축, 의학, 지리학, 고고학, 법학, 농업, 화학 등 지식 체계 전반에 걸친 사조.

자본주의에서 분업이 가지는 혁명적인 생산성에 대해 조금 더해서 얘기해보도록 하죠. 분업 이전에는 장인이 하루 종일 걸려 하나의 물건을 만들곤 했습니다. 하지만 일을 나눠하니 수천 개를 만들 수 있게 되죠. 기업가들은 좋아 죽게 됩니다. 똑같은 시간에 수백, 수천 배의 생산이 가능해졌으니까요. 하지만 애덤 스미스는 이러한 분업이 가지는 부정적인 효과에 대해서도 언급합니다. 무엇보다 노동자들에게 일의 즐거움이 사라져버렸다고 생각했죠.

분업은 자본주의 초기부터 현대사회에 이르기까지, 인간의 역사에 중요한 흔적을 남기게 됩니다. 분업 이전에는 물건 하나를 만들면 인간이 그 전 과정에 참여했습니다. 이렇듯 전 과정을 통틀어 만들어낸 물건은 내 것, 내가 만든 것이라는 창조의 기쁨을 가져다주죠. 하지만 분업으로 인해 일의 과정이 조각조각 분리돼버리면 인간은 그냥 하나의 부품처럼 전락해버립니다. 열심히 일할수록 나 자신이 없어지는 느낌이 들 정도죠. 분업이 인간에게 어떤 영향을 주는가에 대해서는 마르크스의 '소외' 이론에 적나라하게 드러나 있습니다. 분업은 19세기 모든 학자들의 주요 관심사였을 만큼 혁명적이면서도 중요한 연구대상이었지요.

노동은 인간이 자아를 실현하는 활동입니다. 인간은 노동을 하면서 희열, 성취감, 뿌듯함을 느끼게 되는 법이죠. 그 전 과정에 참여하면서 갖게 되는 대상과의 합일된 느낌은 조각조각 잘라진 과정의 부분 속에 들어가 느끼는 것과는 많은 차이가 있습니다. 노동은 밥벌이만을 위해 하는 활동도 아니지요. 노동은 기본적으로 삶의 이유이자 자신을 표현하기 위한 활동입니다. 노동을 통해 자신이 속한 사회의 환경과 공감하고 공식적인 사회구성원이 되는 거예요. 실직자는 단순히 경제활동을 하지 않는다는 것을 넘어 그 사회에 당당히 속해있는 구성원이라는 느낌을 못 가지게 됩니다. 사람은 노동을 통해 인격을 형성하고 노동을 통해 자신의 실존을 확인하지요. 노동은 바깥사회와 연결된 고리이며, 인간의 실존 권리라는 점에서 매우 중요하게 바라봐야 할 대상이라는 점을 한 번 더 강조해둡니다.

자본주의 경제체제는 모든 것을 상품으로 전환한다.

자본주의에서는 모든 것이 상품으로 전환됩니다. 제가 대학교에 다녔던 1960년대만 해도 '관광 상품'이란 말은 없었습니다. 문화와 상품이 연결되지도 않았죠. 하지만 대중문화의 영향력이 커지면서 문화도 상품이 됐습니다. 예술품도, 창작품도, 골동품도 모두 상품이 돼버렸죠. 보험 역시 오늘날 대표적인 상품인데 이 보험이라는 게 미래에 일어날지도 모를 일에 대해 미리 대비한다는 것이죠. 아무도 예측할 수 없는 미래의 일이 상품이 돼버렸다는 것은참 희한한 일입니다. 시간과 공간도 상품이 되는 세상이지요. 이밖에 장례, 의료, 결혼, 신혼여행, 심지어 사랑도, 종교도 상품이 되었습니다. 돈이 없으면 결혼정보 회사에 가입도 못해요. 병원도 돈에 따라 1인실, 2인실, 5인실 등으로 나뉘죠. 물이나 공기를 비롯한 자연환경도 상품이 된 지 오랩니다. 모든 것이 상품화되고 돈이 최고인 세상이 되었습니다. 물질을 신처럼 숭배하는 물신주의(物神主義)가 판을 치고 있죠. 이처럼 자본주의 경제체제는 모든 것을 상품으로 전환시키고, 자본의 논리로 변질되게 만들었습니다. 또한 자연을 황폐화시킬 뿐 아니라, 우리들의 무의식을 지배하며 몸과 마음도 황폐하게 만들고 있는 겁니다.

자본주의 경제체제는 모든 것을 금전관계로 전환한다.

자본주의 사회에서 모든 관계는 금전관계로 바뀝니다. 부르주아들은 이전까지 존경받으며 경외의 대상이 되었던 모든 직업에서 그 신성한 후광을 걷어내 버렸죠. 의사, 법률가, 성직자, 시인, 학자 등을 자신들에게 돈을 받고 일하는 임금노동자로 바꿔놓았습니다. 또한 세계 시장을 착취함으로써 모든 국가의 생산과 소비를 새로운 방식으로 조직했습니다. 농촌을 도시의 지배 아래 종속시키기도 했죠. 이미 마르크스가 「공산당 선언」에서 언급한 내용들입니다. 현대에는 가족관계도 급속도로 붕괴되면서 금전관계 우선으로 바뀌고 있습니다. 이런 현상은 다른 어떤 곳보다 우리나라에서 가장 심각한 것 같기도 하죠. 매우 빠르게 진행되고 있습니다. 이런 현상이 심화되다보니 개인의 자유와 평등에 균열이 일어나게 됩니다. 어떤 사람에게는 자유와 평등이 보장되지만, 어떤 사람은 자유와 평등을 모두 뺏긴 채 살게 되죠. 대표적인 계급이 프롤레타리아라고 일컬어지는 노동자계급입니다. 19세기에 들어서면 생산자 층 사이에서도 기업가와 노동자가 확연히 구별됩니다. 기업가는 자유롭고 평등한데 노동자는 부자유스럽고 불평등하다는 것입니다. 이러한 모순에서 사회주의가 나오게 되는데 역설적이지만 결국 자본주의는 사회주의를 낳는 모태가 되죠.

사용가치 〈 교환가치,
이미지와 복제가 판을 치는 사회

자본주의 사회에서는 사용가치보다 교환가치가 우선시 됩니다. 본래, 가치는 사용가치와 교환가치가 서로 모순되지 않아야 합니다. 두 가치가 같이 가야 한다는 것이죠. 하지만 자본주의에서는 교환가치가 우선시 됩니다. 소비재의 가격이 상승하는데도 오히려 수요가 증가하는 현상인 '베블렌 효과(Veblen Effect)'라는 것이 있죠. 우리말로 풀어보면 '과시적 소비'라고 할 수 있습니다. 본래 경제활동의 가장 기본적인 원칙이라면 최소한의 자원으로 최대의 이익을 창출하는 것이지요. 또 이런 행위는 합리적 이성에 의해 가능한 것입니다. 자본주의도 이 원칙에 입각해 돌아가는 것이죠. 그런데 과시적 소비는 소비행위를 통해 자신의 신분, 사회적 위치를 유지, 표출시키는 것을 의미합니다. 즉, 경제적인 여유로움을 상징하기 위한 소비라는 것이죠. 예컨대, 상류층일수록 노동과 멀리 떨어져 그 부를 과시합니다. 대표적으로 상류층의 부인들을 들 수 있죠. 이들은 생산 활동은 하지 않고 소비만 합니다. 그냥 소비가 아닌 과소비를 하죠. 이를 통해 자신의 사회적 위치와 부를 확인받으려 해요. 일반적인 경제 논리와는 다른 것이죠. 이처럼 경제의 일반적 논리를 넘어 교환가치가 사용가치보다 더 큰 변수가 되는 것이 오늘날의 자본주의 사회입니다. 우리는 왜 브랜드를, 명품을 살까요? 회사들이 광고를 하는 이유는 뭘까요? 어떤 가게에서 물건이 안 팔리자 미친 척하고 가격을 몇 배로 올렸더니 당장에 모두 팔렸다는 황당한 이야기도 있습니다. 가격이 바뀌었다고 해도 사용가치에는 아무런 변화가 없는데 말이죠. 이런 이야기가 의미하는 게 뭘까요? 또한 이미지가 교환가치로 새롭게 등장하게 되는데 브랜드나 명품도 모두 여기서 나오는 것이죠. 이미지가 중요한 상품이 된 사회, 이미지와 복제가 판을 치는 사회가 오늘날의 자본주의 사회인 거죠.

욕구를 끊임없이 만들어 내는 사회

노자는 '욕구는 부자연스러운 것' 이라고 했습니다. 문명사회는 욕구를 인위적으로 만들기 때문이죠. 자본주의 사회는 우리의 욕구를 끊임없이 쥐어짜서 새롭게 만들어냅니다. 중요한 것은 우리가 긴장하지 않으면 대체로 이러한 욕구를 무비판적으로 따라가게 마련이라는 것이죠. 텔레비전에서 새로운 제품이 광고되면 우리는 사지 않고는 못 배깁니다. 어떤 옷이 유행한다고 하면 나도 하나쯤 사둬야 맘이 편해지죠. 어머니들이 비싼 돈을 주고 아이들에게 유명 브랜드의 점퍼를 사주는 이유가 뭘까요? 비싸지만 그걸 안 입으면 학교에서 따돌림 당할까봐, 기죽을까봐 불안해서죠. 또 끼니는 싼 라면이나 김밥 같은 걸로 때우면서 커피는 그 가격의 두 배가 넘는 걸 사 마시죠. 커피가 처음 나왔을 때 대부분의 한국 사람들이 쓰기만한 걸 뭐 하러 마시냐고 했지만 지금은 아무도 그런 말을 하지 않아요. 입맛이 바뀐 거고 익숙해진 거죠. 이처럼 자본은 우리의 욕구를 끊임없이 바꾸고 새로 만들어냅니다. 우리는 사실 우리의 욕구에 의해서라기보다는 자본이 만들어낸 욕구에 따라 소비하는 경우가 훨씬 많아요. 자본주의 사회는 끊임없이 새로운 욕구를 자극하고 만들어 내어, 종래에 우리의 욕구를 착취하고 있는 것입니다.

사회주의

그럼 이번에는 사회주의에 대해 한 번 살펴보도록 하죠. '사회주의(socialism, 社會主義)'라는 말은 1835년, 산업혁명 최초의 실천적 비판가였던 로버트 오웬(Robert Owen, 1771~ 1858)에 의해 처음 사용된 말입니다. 사회주의는 당시 산업혁명의 사회적 결과에 대한 수정과 개혁의 의지로 나타났죠. 그러나 그 의미는 매우 모호해서 르루(Pierre Leroux, 1797~1871)는 개인주의에 반대하는 것, 로버트 오웬은 협동적 결사체계로 생각하는 등 저마다 조금씩 정의가 다르기도 했습니다.

초기 사회주의는 영국과 프랑스에서 발생되는데 먼저, 영국에서의 초기 사회주의를 살펴보겠습니다. 영국의 초기 사회주의자로 대표적인 인물이 방금 얘기한 로버트 오웬입니다. 그는 19세 때 500명 규모의 공장을 운영했던 박애주의적인 부르주아였습니다. 그는 인간의 성격은 사회 환경과 외부조건의 산물이고, 인간의 높은 덕성은 교육에서 나온다고 생각했습니다. 그리고 대부분의 초기 사회주의자들이 그러했듯, 공업보다는 농업을 선호했죠. 공업은 인간을 피폐하게 만든다며, 농업이 생산기반이 돼야한다는 입장이었습니다. 일종의 복고적 시각이었죠. 로버트 오웬은 노동이 가치척도가 되는 상호협력적인 사회주의를 주장했습니다. 이 점에서는 프랑스 사회주의자, 프루동과 흡사합니다. 이들 모두 생산에서의 사회주의보다 교환에 있어서의 사회주의를 강조했지요. 그리하여 노동생산품을 상호 교환하는 은행을 1832년 설립했으나 2년 후 사라지게 됩니다. 1841년 「무엇이 사회주의인가」라는 책자에서는 사회주의를, '자연에 기초한 합리적인 사회체계'라고 규정하기도 했습니다. 당시 그의 명성은 프랑스의 생시몽(Saint Simon, 1760~1825)보다 유명할 정도였죠.

이 당시 영국에서는 사회개혁에 있어 정치활동을 경멸했던 로버트 오웬과는 달리, 정치개혁을 통해 사회를 변화시키자는 차티스트운동(Chartism)이 일어납니다. 이 운동은 1838년에 시작해 1843년 쇠퇴하기 시작했는데, 1848년 4월에 해체된 인민헌장운동은 국회해산, 보통선거권, 피선거권의 납세기준액제도의 폐지, 비밀선거 등을 주장했습니다. 특히 납세기준제도의 폐지는 굉장히 파격적이었는데, 세금을 낸 사람들에게만 투표권(참정권)을 주던 당시 제도를 타파하기 위한 것이었죠. 차티스트운동은 1848년 이전에 일어났던 계급적 이데올로기에 의한 노동운동의 유일한 예이기도 합니다.

프랑스의 경우엔 사회주의 운동에 두 가지 관점이 있었습니다. 사회개혁을 정치적 개혁과 투쟁을 통해 하자는 정치 지향적 관점과, 경제 개혁을 통해 하자는 경제 지향적 관점이 그것이었습니다. 정치 지향적 관점의 대표적인 사람은 앞서 언급한 삐에르 르루를 비롯해, 카베, 루이 블랑, 블랑키(L.A. Blanqui, 1805~1881) 등입니다. 경제 지향적인 사회주의자의 대표적 인물은 생시몽과 푸리에(C. Fourier, 1772~1837), 프루동(P.J.Proudhon, 1809~1865)을 들 수 있을 겁니다.

생시몽은 이름을 들어본 분도 있겠지만 대단한 거물 사상가입니다. 1828년부터는 생시몽 집단, 학교가 만들어졌을 정도니까요. 생시몽은 귀족 출신이었지만 생산자가 우대받는 사회를 꿈꾸었습니다. 그는 기존 질서를 예리하게 비판하며 자신도 귀족 출신의 기득권층이었지만 기득권층보다는 생산하는 사람들이 사회의 핵심이 돼야 한다고 주장했습니다. 그의 생각이 표출된 것이 '우화(1819)'라는 글입니다. 우화의 내용은 이렇습니다. 기득권을 기생충적인 인간들이라 표현하며, 이들 3만 명이 없어도 프랑스는 하나도 위기가 없을 것이라는 것이죠. 여기에 쓸모 있는 사람들, 생산을 중시하는 경작자, 예술인 – 예술인을 넣었다는 것 자체가 프랑스적인 사고방식입니다만 – 진보적 학자 3천 명이 없으면 프랑스는 당장 망할 것이라는 거죠. 이 3천명의 사람들이 사회를 이끌어 간다는 것입니다. 이것을 본 기득권층은 당연히 확 뒤집어졌죠. 그는 이 우화로 결국 감옥에 가게 됩니다. 하지만 상당히 진보적이었던 그도 엘리트 계층은 존중합니다. 엘리트의 덕을 신뢰했으며, 엘리트가 사회를 이끌어간다고 보기도 했어요. 또한 노동자와 기업가를 동등하게 보기도 했는데 이후 이들이 적대적(대립적) 관계가 될 것을 예측하지 못한 것이죠. 이 점에서 마르크스는 생시몽을 순진하다고 보기도 했습니다. 생시몽은 당시 기득권을 가지고 모든 것을 장악한 사람들을 타도하는 것이 급선무라고 봤지만 노동자와 기업가의 관계에 대해서는 크게 주목하지 않았습니다. 또 국가는 소멸될 것으로 봤는데, 강제적이고 억압적인 국가는 산업체 조정의 국가로 그 본질이 바뀌리라 봤던 거죠.

다음으로 푸리에는 지금도 프랑스에서는 자주 언급되는 인물입니다. 그는 세계에 대한 총체적 해석과 더불어 자본주의를 비판했습니다. 또 대안공동체이자, 농업공동체인 '팔랑주(phalange)'를 만들기도 했죠. 여기에는 전체 인구를 1600명으로 하고, 인구의 5/12는 노동자, 4/12는 재산가, 3/12은 재능인 – 재능인을 따로 둔 것 역시 참으로 프랑스적 발상이죠 – 으로 구성되도록 했습니다. 또한 한 사람이 같은 일을 하면 지겨우니까, 돌아가면서 일을 하도록 했지요.

마지막으로 프루동을 볼까요? 프루동은 마르크스가 처음에는 상당히 호감을 가졌던 인물이기도 합니다. 프루동은 당시 프랑스에서 가장 영향력 있는 사회주의자였죠. 그는 수많은 책을 썼습니다. 하지만 그가 「빈곤의 철학」이란 책을 출판하자 마르크스는 프루동의 「빈곤의 철학」을 자기의 「철학의 빈곤」이라는 책자로 공격하여 두 사람은 결국 결별하게 되죠. 여기서 프루동은 마르크스를 사회주의자라기보다는 기득권 층, 순진한 이상주의자라고 표현하였습니다. 본인은 산전수전 다 겪으며 자수성가하여 국회의원까지 한 파란만장한 삶을 살았지만, 마르크스는 부르주아 출신에다 비교적 무난한 삶을 살았기 때문이죠. 또한 민주주의는 바보들이나 하는 짓이라며 민주주의를 불신했고, 국가에 대해서는 민주주의보다 더 혐오했습니다. 특히 중앙집권화와 관료제를 싫어했는데 이런 점은 그의 책, 「재산이란 무엇인가?」에 잘 나와 있습니다. 여기서 그는 재산 모으는 것을 '도둑질' 이라고 표현하기도 하고 신을 악이라 표현하며 종교에 대한 반감을 드러내기도 합니다. 여기서 신은 기독교적 신을 말하는 것이죠. 그러나 프루동은 여성들의 참정권을 인정하지 않아 가부장적 한계에서 벗어나지 못했다는 비판을 받기도 합니다. 그는 사회적 정의를 최고의 덕으로 평가했는데 모든 사회주의자들이 항상 주장하는 것 역시 정의와 도덕이었습니다. 초기 사회주의자들은 모두 여기에 방점을 두었죠. 18세기 계몽주의가 가지고 있었던 인간의 이성에 대한 믿음과 그로 인한 진보와 발전에 대한 믿음은 19세기 산업혁명과 함께 깨어지면서 도대체 무엇이 정의인가에 대해 다시 생각해보게끔 만들었죠. 많은 사람들이 정의를 이야기하면 흔히 '분배의 정의' 에 대해서만 이야기하는데, 프루동은 자발적으로 증명되고 상호 보장되는 인간의 존엄성에 대한 존경이 사회적 정의라고 말하기도 했습니다. 에리히 프롬(E. Fromm, 1900~1980) 역시 프루동을 매우 좋아했던 것으로 알려져 있는데 그의 유명한 책 「소유냐 존재냐」의 배경이 프루동에서 나왔다고 알려져 있기도 하죠.

사회개혁을 정치적 민주주의와 프랑스혁명의 기억과 연결시키는 교의들

사회개혁을 정치적 민주주의와 프랑스 혁명의 기억과 연결시킨 사상가에는 카베(Cabet, 1778~1856), 르루(P.Leroux, 1797~1871), 블랑(Louis Blanc, 1811~1882), 블랑키(Louis Auguste Blanqui, 1805~1881) 등이 있습니다. 그중 블랑키에 대해서만 잠깐 살펴보도록 하죠.

혁명가의 의무는 언제나 투쟁이고 어떤 경우에도 투쟁이며 끝까지 투쟁이다, 라고 주장한 블랑키는 단순한 혁명가를 넘어선 지식인이었으며 사상에 있어서는 18세기적 인물이었다고 볼 수 있습니다. 진보와 인간의 완성과 교육의 중요성을 강조했고, 반교권적이었으며, 심지어 국수주의적 경향을 띤 애국자이기도 했습니다. 사회혁명의 옹호자였으나, 그의 사회주의는 매우 모호했죠. 평등주의를 주장했고, 정의에 대한 존중, 인민에 대한 분명하지 않은 신뢰가 혼재했습니다. 그는 로베스피에르의 유토피아적 사회주의도, 프루동의 개혁적 경제주의도 싫어했어요. 블랑키는 끊임없이 혁명■해야 한다고 주장했죠. 그래서 엥겔스(F. Engels, 1820~1895)는 지나치게 혁명만을 주장하는 블랑키를 보고, '지나간 시대의 혁명가' 라고 표현하기도 했습니다.

■ 그가 유일하게 좋아한 사람은 바뵈프(François-Noël Babeuf, 1760~1797)였는데, 그는 대표적인 혁명가로 부르주아 출신의 세금 내는 사람에게만 참정권을 주자는 다른 이들의 주장과 달리, 보통선거와 비밀선거를 바로 주장했을 만큼 당시로서 과격한 혁명가였다.

뒤르켐에 있어서의 사회주의

에밀 뒤르켐은 파리의 유복한 자녀들과 달리 사회주의에 대해 깊은 호감을 가지고 있었습니다. 그의 철학의 핵심은 '사회질서'에 관한 것이었는데요, 「사회분업론(Division of Labor in Society)」 등의 저서를 통해 사회질서는 경제학자, 특히 자유주의 경제학자들이 상정하듯이 개인의 이해관계의 경쟁이나 조화의 결과가 아닌, '공동감정'의 문제이며 사회화의 문제라고 보았습니다. 즉, 사회질서가 유지되는 것은 경제적 관계나 계약관계 때문이 아니며 공동감정의 문제로 봐야 한다는 것이었습니다. 그래서 사회주의에 대한 기존 관념을 다시 살펴보며, 잘못된 견해를 3가지로 압축해 제시했죠.

우선 사유재산의 단순한 부정으로서의 사회주의, 즉, 사유재산을 부정하는 것이 사회주의라는 견해를 반박합니다. 공산주의에서는 사적소유를 부정하지만 사회주의는 역사적으로 18세기 이후에 생겼기 때문에 사적재산이 핵심 개념은 아니라는 것입니다. 사적소유에 대해서는 마르크스도 여백을 두었죠.

두 번째는, 개인이 집합체에 복종해야 한다는 생각, 특히 국가에 대한 복종에 대한 견해입니다. 하지만 이 역시 잘못된 견해로, 개인의 복종이 사회주의의 본질은 아니라고 주장합니다. 마지막 세 번째는 경제관계에서 평등화를 촉진해 노동계급의 조건을 개선한다는 견해입니다. 하지만 그에게 경제관계에서 노동계급의 조건을 개선한다는 것은 지엽적인 문제였습니다. 또한 이것은 사회주의에서만 국한된 것이 아니며, 모든 사회주의자들의 일차적 목적도 아니라는 것이었죠.

프랑스와 브리꼬(François Bourricaud, 1922~1991)에 의하면 뒤르켐

동 시대에는 3가지 사회주의 흐름이 있었다고 합니다. 첫 번째는 가능주의자들로, 독일의 강단사회주의자, 프랑스의 조레스(Jean Jaurès, 1859~1914)주의자들이었고, 두 번째는 혁명적 사회주의자들로 마르크스와 프랑스의 게드(Jules Guesde, 1845~1922) 등입니다. 세 번째는 무정부주의자로 프루동의 상호주의, 소렐(Sorel, 1847~1922)류의 생디칼리즘(Syndicalisme, 혁명적 조합주의) 등이었습니다.

뒤르켐은 마르크스주의를 부정하지는 않았지만 노동자와 자본가의 갈등을 역사의 추진력으로 보지 않았으며 폭력에 대해서도 찬성하지 않았기 때문에 마르크스주의에 반대합니다. 또 그는 사회문제는 본질적으로 경제문제이기보다 '도덕'의 문제라고 보았습니다. 그는, 「Le Socialisme」■에서 '사회주의는 봉급 또는 주린 배를 채우는 문제로 환원될 수 없다, 그것은 무엇보다 사회적 집합체의 재배치를 향한 염원'이라고 주장하였습니다. 사회주의의 본질은 개인 재산의 폐기에 있는 것도, 금욕적 삶을 누리게 하는 것도 아니고 산업관계를 도덕화하기 위해 국가에 산업기능을 복속시키는 것에 있었기 때문입니다. 이에 대해 레이몽 아롱(Raymond Aron, 1905-1983)도 '사회주의는 한마디로 조직화와 도덕화가 핵심'이라고 했죠.

뒤르켐은 이러한 자신의 생각을 바탕으로 공산주의와 사회주의를 구별합니다. 우선, 공산주의는 사회적 불평등에 대한 반항에서 비롯된 것이고, 구성원 각자의 생활조건이 모든 사람의 생활조건이 되는 세상을 이상적으로 생각합니다. 이는 19세기 초에 생긴 사회주의와 달리 경제활동을 근본적으로 생각하는 것이 아니라, 오히려 경제적 활동과 부를 최소한으로 축소시키려고 기도하는 금욕적 인생관이

■ A collection of Durkheim's courses on the origins of socialism, 1896

며, 이기주의를 극복하려는 것이었습니다. 반면, 사회주의는 경제활동이 원초적 성격을 띠고, 단순 소박한 생활로 돌아가기는커녕 풍요 속의 사회적 곤란에 대한 해결과 생산력의 발전을 촉구하여 사회 성원 전원의 이익에 부합되도록 생산을 조정하고 통제하는 것이었습니다. 즉, 사회주의는 산업혁명 이후 나타난 것이고, 공산주의는 이전부터 있어 왔다는 것입니다.

따라서 사유재산의 부정은 결코 사회주의를 특징짓는 것이 아닙니다. 생시몽의 상속에 대한 비판은 오히려 사유재산의 원칙을 확인하는 것이었습니다. 또한 노동자의 요구, 생활조건의 개선 등은 필요한 일이긴 했지만 그것이 사회주의의 본질은 아니었습니다. 가난한 자에 대한 온정과 연민은 모든 사회에 공통적이기 때문입니다.

자본주의와 사회주의의 동적 관계

자본주의와 사회주의는 모두 산업혁명과 프랑스 혁명의 명암에 대한 반응입니다. 자본주의가 경제적 자유주의와 개인주의를 바탕으로 국가의 경계를 넘어 확산돼갔다면 사회주의는 부르주아의 자유에 희생당한 대다수 노동자들의 착취와 공동소유의 상실에 대한 사회 개혁적 반작용으로 부상하게 된 것입니다. 초기 사회주의는 자본주의의 모순을 매우 소박한 방식으로 극복하려 했습니다. 온정주의적 경제개혁과 과격한 정치투쟁이 그러했습니다. 또한 기업가와 노동자 간의 계급대립을 심각하게 생각하지 않았습니다.

자본주의의 모순에 대한 면밀하고 통합적인 폭로와 그에 대한 사회주의적 대안은 마르크스에 의해 비로소 체계적으로 이루어집니다. 그래서 '과학적 사회주의'라고 이야기하는 것이죠. 물론 마르크스주의를 포함한 사회주의가 자본주의의 모든 모순을 실질적으로 해결할 수 있는지, 또 실질적 대안이 될 수 있는지에 대해서는 보다 깊이 있는 질문이 필요할 것입니다. 또 어떤 사람들은 성숙된 개인주의를 통과해야만 그 다음에 참된 사회주의가 올 수 있다고도 합니다. 그런데 마르크스가 주장했던 공산주의에서의 개인도, 집단주의에 매몰되지 않고 그 사회 속에서 꽃피는 개인이었습니다. 사회 안에서, 집단 속에서 참된 개인이 완성되는 사회라는 말이죠. 따라서 사회주의와 개인주의가 언제나 배타적이고 결코 양립할 수 없는 것인지에 대해서도 의문을 제기해볼 수 있겠죠.

질의
응답

Q. 사회주의나 자본주의는 인간사의 여러 모순들을 체제의 문제로만 소급해서 설명하려는 경향이 있는 것 같습니다. 그런데 인간의 존재 자체가 가지는 모순들도 있을 테고 이렇듯 모순된 인간들이 모여 만든 사회라는 것도 태생적으로 불완전할 수밖에 없지 않나, 생각되는데요. 자본주의나 사회주의가 모두 더 나은 사회를 위한 노력이라는 점은 알겠지만 자칫 잘못하면 종교적으로나 이데올로기적으로 사람들을 마취시킬 수도 있다고 봅니다. 실제로 그런 일들이 많이 벌어지고 있기도 하고요. 어떻게 생각하시는지 궁금합니다.

그러니까 대부분의 사회주의자들은 '실천'을 중시했죠. 푸리에같은 사상가도 굉장히 목가적이었고 자신의 사상에 따라 마을을 만들어 실천했어요. 그는 노동으로부터 소외되는 것의 의미를 감지하고 있었기 때문에 노동도 종류별로 돌아가면서 하며 일의 기쁨을 누리려고 애썼죠. 하지만 프랑스에 비해 독일은 이런 점이 훨씬 부족했습니다.

한편 뒤르켐은 사회주의를 '사회학적 결정론'이라고 간주했습니다. 사회학적 결정론이란, 모든 것이 사회화과정을 통해 형성되고 이뤄진다는 입장인데 따라서 자본주의가 자본결정론이라면 사회주의는 사회학적 결정론이라는 주장이었습니다. 자본결정론도 인간을 규제할 수 없고 이상사회로 갈 수 없듯이 사회학적 결정론에도 중요한 것이 빠졌고 그것이 공동 감정, 소외, 도덕적 문제 같은 것들이라고 얘기한 것입니다. 이런 것들은 계획한다고 되는 것이 아니라는 거죠. 그러면서 끊임없이 '집합의식(Collective consciousness)'이라는 걸 강조했는데 이것은 사회적 의식, 사회적 양심이라는 두 가지 뜻을 모두 포함하고 있는 말이었습니다. 도덕적 공동 감정과 일체감이 사회를 이루는 기본 바탕, 즉 원동력이라는 것이죠. 유물론자(materialist)들은 이를 간과합니다. 특히 뒤르켐은 사회계약론자들을 싫어했어요. 그는 '사회는 사회구성원들 간의 일정한 계약에 의해 형성되었다'는 것이 말이 되지 않는다고 생각했습니다. 사회는 계약에 의해 형성된 게 아니라 개인이 선택하기 이전부터 존재했다는 사회의 선차성, 사회실재론을 주장했죠.

社會思想

마르크스 유물론의 핵심은, 평범한
람들이 살아가고 있는 구체적인 사회
현실이 어떻게, 어떠한 논리로 움직이
있는가를 분석했다는 것입니다. 감각적
고도 구체적인 현실을 분석하여, 자본
의에 살고 있는 소외된 인간을 해소시
고자 했던 것이 그의 평생의 지적 관심
자 실천적 관심이었죠. 그는 이것을 평
탐구하였습니다. 그의 유물론은 관념
추상적, 탁상공론의 유물론이 아니고
천적이며 구체적인 유물론입니다.

8/ 마르크스 주의

칼 마르크스의 중요저작과 전기

마르크스 사상에 대한 오해

마르크스의 중요사상

마르크스 사상의 역사적 함의

8/

마르크스 주의

우리는 마르크스에 대해 제대로 알 필요가 있습니다. 그는 프로이트, 니체와 함께 20세기 근대 계몽주의 이후를 대표하는 거대한 사상가 3인 중 한 사람으로 꼽히는 인물이죠. 동시에 역대 지식인 중 가장 많은 논란을 일으킨 인물이기도 합니다. 마르크스를 거치지 않고는 인문, 사회과학에 있어 깊이 있는 논의가 불가능할 정도입니다. 그럼에도 불구하고 우리 주변에는 마르크스를 무턱대고 비난하거나, 왜곡된 내용들이 많아 문제죠.

특히 우리나라가 더 그렇습니다. 마르크스를 잘 알지도 못하면서 '좌빨' 이니 '빨갱이' 니 무조건적으로 비난만 해왔습니다. 저는 대학교 때 「공산당 선언」조차 읽을 수 없었어요. 먼저 비난부터 하고 금기시했기 때문이죠. 지금의 우리나라 고등학생들과 대학생 사이에는 인식론적 단절이 없습니다. 대학생 스스로가 고등학생 시절의 의식과 단절하겠다는 의식의 전환이 없죠. 예전에는 대학생이 되면 신발부터 달라졌습니다. 운동화에서 단화로 바꿔 신었죠. 생각 또한 혁명적으로 변화했습니다. 하지만 요즘은 외적인 면도 그렇고 지적인 면도 그렇고 변하는 것이 별로 없어 보입니다. 스스로 치열하게 고민하는 시간을 가지지 않기 때문이죠. 취업을 위한 스펙 쌓기에 바쁘고 고전에 대한 공부에는 필요성을 못 느끼는데 그 대표적인 예가 마르크스이기도 합니다. 그만큼 지적 풍토가 천박한 현실입니다.

우리는 마르크스를 제대로 보지 못하고 있습니다. 아니 '보지 않는다' 는 말이 더 정확할지 모르겠습니다. 우리나라는 현재 마르크스 사상의 부정적인 면만 강조되고 있으며 여기에 북한에 의해 왜곡된 '주체사상■' 또한 영향을 주고 있죠. 주체사상의 중국식 변형인 '마오이즘■■' 도 마찬가지입니다. 이런 상황에서 마르크스는 여전히 논쟁의 중심이 되고 있죠.

1991년 소비에트 연방(Union of Soviet Socialist Republics, 1922~1991)이 붕괴되기 전까지 세계는 사회주의와 자유주의라는 두 개의 진영으로 나뉘어 대결했습니다. 그만큼 사회주의는 현대사를 구성하는 중요한 축이기도 합니다. 하지만 우리는 사회주의나 공산주의에 대해서도, 또 그 이론적 바탕이 된 마르크스에 대해서도 제대로 보지 못하고 또 시도조차 게을리 하고 있는 형편입니다. 진보적 지식인들조차 마르크스를 제 멋대로 곡해하는 일이 다반사죠. 그리스가 서양 문명의 출발점이라고 한다면, 오늘날 세계사의 굴곡을 이해하는 데 그만큼 중요한 지식인이 바로 오늘 얘기할 마르크스입니다. 그를 모르고는 역사나 현대사회를 얘기하기가 힘듭니다. 이번 시간을 통해 여러분들이 마르크스에 대한 오해가 많았다는 점만 깨닫게 되도 큰 성과가 아닐까 생각해봅니다.

■ 사람이 모든 것의 주인이며 모든 것을 결정한다는 사상. 정치의 자주, 경제의 자립, 국방의 자위(自衛)를 지도 원칙으로 삼고 있다.

■■ 마오쩌둥(毛澤東, 1893~1976)이 마르크스-레닌주의를 중국 현실에 맞게 계승하고 발전시킨 혁명 사상으로 중국 공산당의 지도 이념.

칼 마르크스의 중요저작과 전기

우선, 마르크스의 중요저작과 전기를 한 번 살펴보죠.

· 1841년 〈데모크리토스와 에피쿠로스의 자연철학의 차이〉

– 예나대학 박사학위논문 ,

부르노 바우어와의 관계가 독일에서 교수직 임용에 방해가 됨.

· 1844년 8월 말 엥겔스와 만나고 10월 프루동과 만남.
마르크스는 일정한 수입이 없어 엥겔스(1820–95. 부유한 면방직공장주)에게 평생 도움을 받음. 25세에 독일을 떠나 파리, 브뤼셀 등을 거쳐 마지막 런던으로 망명.

· 1844년 〈경제학– 철학 수고〉 – 김태경 옮김, 1989, 이론과 실천

〈유대인 문제〉,

〈헤겔법철학비판 서문〉 – 홍영두 옮김,1989. 아침

· 1845년 〈신성가족〉 – 편집부 번역, 1990, 이웃

〈포이어바흐에 관한 테제〉 – 남상일 옮김, 1989, 백산서당

이후 1888년 엥겔스가 출판함.

· 1845~6년 〈독일이데올로기〉 엥겔스와 공저,

– 박재희 옮김, 1998, 청년사

· 1847년 프루동이 1846년에 출간한 '빈곤의 철학'에 대한 비판서 〈철학의 빈곤〉 – 강민철, 김진영옮김, 1988, 아침

· 1848년 〈공산당선언〉 – 이진우 옮김, 2002, 책세상

· 1852년 〈루이보나파르트의 브뤼메르 18일〉
– 최형익 옮김, 2012, 비르투

· 1857~8년 〈정치경제학비판 요강〉 – 김호균 옮김, 2000, 백의

· 1859년 〈정치경제학비판기고〉

· 1867년 〈자본론: 정치경제학 비판〉, 1권, 2권(1885), 3권(1894) – 김수행옮김 ,2004~5. 비봉

· 1871년 〈프랑스의 내전〉 – 안효상 옮김, 2003, 박종철출판사

· 1875년 〈고타강령비판〉

그의 부모님은 기독교로 개종한 유태인이었습니다. 유태교를 믿는 유태인이 다른 종교로 개종한다는 것은 당시로서는 굉장히 혁명적인 일이었습니다. 앞 시간에서도 이야기했지만, 유태인은 태어나서 죽을 때까지 유태인입니다. 그만큼 폐쇄적이며 메시아적, 선민의식으로

가득 차 있죠. 그러한 유태인이 기독교로 개종했다는 것은 굉장히 드문 일인 거죠. 그의 아버지는 부르주아였고 법률가였습니다. 그는 마르크스가 시와 철학에 대한 열정으로 건강을 해칠까 걱정했다고 하죠. 마르크스는 처음에는 본 대학(1835)에 입학해 이듬해 베를린 대학에 입학하여 '청년헤겔학파'라는 동아리에 가입하였습니다. 이 '청년헤겔학파'는 헤겔을 진보적으로 이해하는, 이른바 이념적 동아리로 여기에 들어가서 마르크스는 혁명적으로 변화하기 시작합니다. 여기의 좌장이 포이어바흐(L. A, Feuerbach, 1804~1872)였죠.

포이어바흐는 굉장히 중요한 인물입니다. 포이어바흐의 이름은, 'feur(불)', 'bach(시내, 작은 개울)', 즉, '불이 있는 작은 시내'라는 재밌는 의미를 갖고 있었는데 이것은 이후에 포이어바흐를 넘어야, 즉 불을 품은 시내를 넘어야만 진정한 마르크스주의자가 된다는 비유가 되기도 합니다. 그는 「기독교의 본질」이라는 책을 썼으며, '종교의 소외'라는 표현을 제일 처음 쓴 사람입니다. 1845년, 마르크스는 그를 비판하는 책인 「포이어바흐에 관한 테제(Theses on Feuerbach)」를 발간하는데, 실제로 핵심적인 내용은 3~4장 밖에 되지 않을 정도로 아주 간단합니다. 하지만 사회과학을 한다는 사람 중 이런 글을 읽어보지도 않은 사람들이 꽤 있죠. 사회과학에 대한 예의가 아닙니다.

마르크스는 1844년 평생 친구 엥겔스를 만납니다. 마르크스를 '마르크스-엥겔스'라 부르기도 하는데, 그 정도로 둘은 세계사적인 친구였습니다. 동양에서도 '백년지기(百年知己)'라는 말이 있듯이 마르크스와 엥겔스는 그러한 사이였습니다. 여기서 '지기'라는 말은 자기(나)를 알아보는 사람, 목숨을 바꿀 수 있는, 생명을 바꿀 수 있는 사람이라는 뜻이죠. 엥겔스는 평생 직업을 가져 본 적이 없는 마르크스에게 물질적인 지원을 해주었습니다. 엥겔스도 마르크스 못지않은 천재였죠.

1848년에 마르크스와 엥겔스는 「공산당 선언」을 발표합니다. 여러분, 「공산당 선언」 정도는 꼭 읽어봐야 합니다. 이걸 모르고 어떻게 현대 사회과학, 철학을 이야기 할 수 있겠습니까. '공산주의를 인정하느냐 인정하지 않느냐', 이것은 자유주의가 아닙니다. 사유의 자유가 있는지 없는지를 봐야 합니다. 자유주의, 민주주의 국가란 자유주의 자체도 비판할 수 있는 나라를 말하죠. 미국과 우리나라는 정치적으로 공산주의를 인정하지 않고 있습니다. 사유의 자유가 없다는 말이에요. 일본은 공산당이 존재한다는 점에서 우리나라보다 사유가 자유로운 나라라고 볼 수 있습니다. 사유의 자유가 없는 나라, 사상이 자유롭지 못한 나라는 자유주의 국가라고 할 수 없습니다. 그런 의미에서 우리나라는 허깨비 자유, 미국식 자유라고 볼 수 있죠.

레이몽 아롱이라는 사람이 있습니다. 이 사람은 우리나라에도 서울대학교에 3번이나 초청된 바 있는데요, 그는 마르크스에 대해 다음과 같은 측면에 집중해야 한다고 얘기합니다. 첫째, 우리는 마르크스에 대해 비판밖에 하지 않는다는 것입니다. 둘째는 마르크스의 가정배경과 엥겔스와의 관계를 잘 염두에 두어야 한다는 것입니다. 또한 마르크스 경제이론이 현대 사회에서는 거의 받아들여지지 않지만, 레이몽 아롱은 마르크스가 아직도 영향을 줄 수 있다고 하며 그 근거로 「독일이데올로기(The German Ideology)」, 「철학의 빈곤(The Poverty of Philosophy)」, 「공산당 선언」 등 그의 대표 저작 3권을 꼽았죠. 이 중 「공산당 선언」은 양도 가장 적으니 꼭 한 번 읽어보라는 말을 다시 한 번 드립니다. 그런데 이렇게 말한 레이몽 아롱은 실은 마르크스주의자가 아닙니다. 그는 스스로도 마르크스주의자가 아닌 자유주의자라고 했죠. 하지만 후배들에게는 마르크스를 읽지 않으면 안 된다며 꼭 읽어보라고 권했다 합니다. 이런 사람이 진정한 자유주의자 아닐까요? 거기에 영향 받아 사르트르(Jean-Paul Sartre, 1905~1980)는 한동안 마르크스에 푹 빠졌고, 「마르크스주의와 실존주의」라는 책도 썼죠. 이처럼 마르크스는 실존주의자에게도 영향을 미쳤습니다.

마르크스 사상은 1890년까지 서양 사회주의 세력에는 잘 알려지지 않았습니다. 사회주의 영역에서 그는 한참 뒤, 그가 죽은 뒤에 알려집니다. 마르크스는 현대 사회주의 운동에서 아주 중요한 위치를 차지하고 가끔 한국의 광주민주항쟁과도 비교되는 1871년 '파리코뮌'에서 지배적인 사회주의 사상가에 언급도 되지 않습니다. 여기에는 초기 사회주의자들만 언급되었죠. 마르크스가 프랑스에 알려진 계기는 바로 그의 사위이자, 「게으를 수 있는 권리(le droit ā la paresse)」를 저술한 폴 라파르그(Paul Lafargue, 1842~1911)때문입니다. 그가 자신의 장인인 마르크스의 사상을 불어로 번역함으로써 비로소 프랑스에도 알려지기 시작한 거죠.

「경제학 철학 수고」라는 책이 있습니다. 이 책은 '파리 수고'라고도 하는데, 마르크스의 대표적인 초기 작품으로 손꼽히는 책입니다. 이것도 꼭 한 번 읽어 보세요. 이 책은 1932년에 발견되는데, 이때부터 마르크스의 핵심 사상에 대한 3가지 이견이 존재하기 시작합니다. 마르크스의 초기와 후기가 단절되어 있으며, 초기에 포커스를 두는 사람, 후기에 포커스를 두는 사람이 있었던 반면, 초기와 후기가 일관되었다고 주장하는 사람도 있었습니다. 그 밖에 초기, 후기가 진화 과정에 있었다고 보는 사람도 있었죠.

초기, 후기가 일치되었다고 보는 대표적인 사람은 에리히 프롬, 막시밀리언 루벨(Maximilien Rubel, 1905~1996), 앙리 르페브르(Henri Lefebvre, 1901~1991) 등의 사상가들입니다. 초기와 후기가 단절되어 있고, 후기에 포커스를 둔 사람은 흔히 과학적 사회주의자로 분류되는 루이 알튀세르(L. Althusser, 1918~1990)처럼 이른바 교조주의적 마르크스주의자들입니다. 이들은 초기와 후기가 일관되어 있거나 초기에 포커스를 두는 사람들을 자유주의 진영에 호감을 가지고, 정파적, 이데올로기적 관점으로 이른바 진영논리에 마르크스를 끌어들여 인용한다며 비판했죠. 그래서 이것을 제대로 못 보게 합니다.

그러면 1932년에 나온 파리수고를 어떻게 해석해야 할까요? 이것은 「자본론(Das Kapital)」과 다릅니다. 앞서 소개한 르페브르와 루이 알튀세르의 생각 차이를 살펴보면서 풀어보죠. 둘 모두 프랑스에서는 마르크스주의의 대가들이며, 파리 공산당원으로 30년간 복무하며 함께 사회운동을 실천한 바 있지만 이 둘의 생각은 전혀 달랐지요.

르페브르는 마르크스 사상의 핵심은 현대 자본주의 사회에서의 인간 소외를 극복하는 방안이며 그것이 공산주의 혁명이고 이를 경제적으로 밝힌 것이 「자본론」이며, 철학적으로 밝힌 것이 「경제학 철학수고」(파리수고)라는 단언을 합니다. 초기에서 후기까지 일관되게 '인간소외'가 마르크스 사상의 핵심이며 이를 극복하는 방안과 실천이 사회주의 운동이라고 봤던 겁니다. 반면 알튀세르는 「마르크스에 의하면(Pour Marx)」이란 책을 1965년에 발간하면서 1845년을 기점으로 마르크스의 사상이 전기와 후기로 단절됐다고 봅니다. 그러면서 전기를 철학자 마르크스, 후기를 과학적이며 경제학자적 마르크스로 정의하죠. 또 후기 경제학자의 마르크스에 더 방점을 둡니다. 「마르크스에 의하면」이란 책은 우리나라에도 번역되어 있는데, 'Pour Marx'를 '마르크스를 위하여'라고 번역했습니다. 하지만 이는 잘못된 해석이지요. 'Pour Marx'는 '마르크스에 의하면'이라고 해석하는 것이 맞습니다. 이 책은 그가 마르크스의 입장에서 제대로 이해했다고 생각하며 쓴 책입니다. 이 책이 나온 1965년까지만 해도 마르크스의 후기 저작에 대한 정치경제학적인 비판이나 분석은 나오지 않았었죠.

어찌되었든 이 두 사람은 이후 둘 다 30년간 공산당에서 활동하다가 당을 떠납니다. 서구에서 마르크스 해석에 가장 뛰어나다는 이 두 사람 모두가 공산당을 떠났다는 말입니다. 이것은 굉장히 중요한 의미를 지닙니다. 여기서 '서구 마르크스주의'란 말이 부각되게 되는 겁니다. '소비에트 마르크스주의'와는 다른 것이죠. 마르크스의 「정치경제학비판요강」이라는 책이 있습니다. 여기에는 마르크스 자본론의 중요 사상이 다 나오는데, 2차 대전 중 러시아에서 첫 출판이 되었으나 전쟁 중에 모두 소진하고 2개의 복사본만 미국에 도착하였습니다. 영어판은 1973년에 처음 나왔으며, 프랑스에서는 그 후에 출간되었죠. 알튀세르도 이 책의 존재를 몰랐다고 합니다. 그의 대표작 「마르크스에 의하면」도 1960~64년에 저술되고 서문만 1965년에 쓰인 것이죠. 하지만 「정치경제학비판요강」이 나온 이후에는 마르크스 후기에 핵심이 있다는 주장은 쑥 들어가 버립니다. 왜냐하면 여기에는 마르크스의 후기 작품인데도 불구하고, '노동의 소외' 항목(한국어판 3권 p. 124-6)이 따로 있었기 때문입니다. 또한 여전히 소외가 중요하다는 말이 자주 사용되며, 자본론 안에서도 소외라는 말이 몇 번이나 나오죠. 즉, 마르크스는 초기와 후기에 일관된 문제의식을 가지고 있었다는 말이 됩니다. '현대사회에서 인간 소외의 원인은 무엇이며 이것을 어떻게 극복할 것인가를 총체적으로 파악'하고자 한 것이 마르크스 이론과 실증의 핵심입니다. 그러나 우리는 이것을 제대로 파악하지 못하고 「자본론」만 가지고 물고 늘어졌습니다. 얼마나 부끄러운 일입니까. 마르크스에 대해 제대로 비판하려면 독일의 관념론 철학을 꿰뚫고 있어야 하고, '노동가치설'을 준 영국의 정치경제학, 프랑스의 사회주의 전통, 이렇게 세 가지는 기본적으로 알아야 합니다. 그래서 우리나라에서 마르크스에 대한 비판은 천박하기 짝이 없는 것이죠.

마르크스 사상에 대한 오해

1. 우선, 마르크스 사상을 기계적인 유물론, 즉 관념적이며 오직 물질만을 최고로 보는 사상으로 오해하는 사람들이 있습니다. 하지만 마르크스는 「포이어바흐에 관한 테제」를 통해 이미 포이어바흐의 기계적, 관념적 유물론을 머릿속에만 있는 유물론이라며 비판한 바 있습니다. 그는 여기서 '지금까지 유물론의 가장 중요한 결함은 현실을 대상 또는 관조의 형식으로 생각했을 뿐 인간적인 감성적 활동, 실천으로 생각하지 못했다는 점(테제 1)'과 '철학자들은 단지 세계를 다양한 방식으로 해석하기만 해왔다. 그러나 중요한 것은 세계를 변혁하는 것(테제 11)'이라고 비판했죠.

'materialism'은 '오직 물질, 물질이 최고다'라는 식으로 해석해서는 안되며 이것을 유물론이라고 하기엔 굉장히 협소합니다. 'materialism'은 유물론이라기보다는 '구체주의'라고 하는 게 더 적절합니다. 마르크스 유물론의 핵심은, 평범한 사람들이 살아가고 있는 구체적인 사회와 현실이 어떻게, 어떠한 논리로 움직이고 있는가를 분석했다는 것입니다. 감각적이고도 구체적인 현실을 분석하여, 자본주의에 살고 있는 소외된 인간을 해소시키고자 했던 것이 그의 평생의 지적 관심이자 실천적 관심이었죠. 그는 이것을 평생 탐구하였습니다. 그의 유물론은 관념적, 추상적, 탁상공론의 유물론이 아니고 실천적이며 구체적인 유물론입니다.

2. 마르크스 사상을 경제결정론으로 규정하는 견해가 있습니다. 1890년 9월 21일자 엥겔스가 에른스트 블로흐(Ernst Bloch, 1885~1977)에 보낸 편지를 보면, "역사에서 결정적인 요인은 실제 생활의 생산과 재생산이다. 마르크스도 나도 그 이상을 결코 주장하지 않았다. ... 경제적 상황이 토대이다. 드러나 상부구조의 다양한 요소들, 법률형태들, 참여자들의 생각들, 정치적 종교적 법률적 이론들 등이 모두가 똑같이 역사적 투쟁의 과정에 그 나름대로의 작용을 가한다."고 분명하게 이야기되어 있습니다.

그는 당시 수많은 관념론자들에 대항하기 위해 지금 우리가 딛고 서있는 땅이 뭐냐, 토대가 뭐냐를 설명하려고 했고 그랬기 때문에 경제를 강조했던 것뿐이지 경제만이 유일한 방법이라고 하지는 않았다는 겁니다. 이것을 잘 알아야 합니다. 이것을 모르면 진보주의 운동도 실패합니다. 마르크스를 왜곡하고 실패하고 마는 거죠.

3. 마르크스가 사유재산이 현대자본주의사회의 가장 핵심적인 병폐라며 사유재산을 폐지하려 했다고 생각하는 경우가 많이 있습니다. 하지만 사실은 그 반대입니다. 그는 영국의 부르주아 정치경제학자들의 '사유재산 때문에 노동의 소외가 일어난다'는 주장을 천박하

기 짝이 없다고 비판하며 「경제학 철학 수고」를 통해 '소외된 노동의 결과가 사유재산이다' 라고 역설적으로 이야기한 바 있습니다. 당시 스코틀랜드 계몽주의 철학자들은 사유재산, 계급 갈등에 대한 부분을 아주 순진하게 이야기하며, 사유재산을 '사회악' 이라고 규정했었죠. 하지만 이것이 현실에 대한 정확하고 과학적인 분석이 되지 못하고 아주 표피적인 분석에 지나지 않는다고 생각한 마르크스가 들고 나온 것이 바로 '사유재산 때문에 노동의 소외가 일어나는 것이 아니라, 소외된 노동의 결과가 사유재산' 이라는 것이었죠. 프루동도 사유재산을 정당한 노동의 대가가 아니라 도둑질이라고 한 바 있습니다. 공산주의 혁명의 궁극적인 목적은 국가가 아무런 힘이 없게 되는 사회, 사유재산이 아무런 소용이 없게 되는 사회, 즉, '노동의 소외 - 소외된 분업형태' 가 극복되는 사회였던 것입니다. 마르크스는 사유재산이 주가 되는 것이 아니고, 사유재산을 부정한 것도 아니며, '사유재산이 아무런 의미가 없게 되는 사회' 를 꿈꾸었던 것입니다. 이것을 잘 기억해야 합니다. 이것만 알아도 됩니다.

4. 마르크스는 자본주의사회의 계급구성을 너무 단순화시켜 다른 계급은 인정하지 않고 양극화로 모든 것을 무리하게 설명했다는 견해가 있습니다. 이 또한 사실이 아닙니다.

자본가, 노동자, 지주라는 3대 계급론은 애덤 스미스가 「국부론」에서 먼저 주장한 것입니다. 마르크스는 이를 자본주의 사회에서의 중요 핵심 계급을 설명하기 위한 분석적 개념으로 인용해 쓴 것이죠. 마르크스만큼 현실 사회를 꿰뚫어 분석한 사람이 없습니다. 그것은 「루이 보나파르트의 브뤼메르 18일(The Eighteenth Brumaire of Louis Napoleon)」이라는 책이 증명합니다. 이 책은 당시 프랑스 사회의 계급

구성이 얼마나 복잡하게 현실정치와 연계되어 있었는지를 보여주는 데 프랑스의 현실사회를 그토록 정확하고 탁월하게 간파하고 분석한 책은 없을 겁니다.

이처럼 마르크스 사상에 대한 많은 오해들로 인해 마르크스 자신조차도 '나는 마르크스지 마르크스주의자가 아니다'라고 말했을 정도였죠.

마르크스의 중요사상

마르크스의 사상 중에 다시 되새겨 볼만한 것들이 있습니다. 한 번 정리해보기로 하죠.

1. 마르크스에게 가장 중요한 개념은 '노동'이라는 점을 잘 알아둘 필요가 있습니다.

인간성의 기초는 '노동'이라는 거죠. 그럼 이 노동이 무엇을 의미하는 걸까요? 노동은 '가치'를 만들어냅니다. 노동이 가치를 만들어낸다는 것은 마르크스만 이야기한 것은 아닙니다. 영국의 경제학자들도 '노동가치설'을 이야기했죠. 하지만 마르크스는 그러한 의미에만 한정하지 않고, 「경제학 철학 수고」를 통해 노동은 '인간이 다른 동물과 구분되는 중요한 유적 본질 활동이다'라고 했던 거죠. 인간은 노동을 통해 자연 속에서 자연을 변형시키고 인간으로서의 자기 자신도 변형시킵니다. 즉, 자연과의 커뮤니케이션, 자연과의 교섭이 노동이라는 것입니다. 인간은 노동을 통해 생산품(물질)을 얻고, 정신 활동도 합니다. 노동은 일할 '勞'자에 움직일 '動'자로, '힘을 들인 활동' 을 의미하며 요즘 식으로 말하면 '일', 'work' (labor와 구분)이죠. 일하지 않는 사람은 인간이 아니며, 사회구성원이 아니게 됩니다. 그 사회의 식구가 되려면 일을 해야 하는 거죠. 노동은 혼자 하는 것이 아니고 다른 사람과 함께 합니다. 즉, 사회적인 것입니다. 인간의 가장 기본적인 활동은 움직이는 것이고 그것의 가장 기초가 되는 것이 자연과의 교섭이며 이것이 바로 노동이죠. 따라서 노동은 모든 문명의 기초가 됩니다. 모든 문화의 기초는 노동에서 나옵니다. 노동의 고단함을 벽에 그리면 '벽화' 가 되죠. 노동 개념은 상당히 중요합니다. 이것이 잘 되면 행복해지고, 이것이 힘들면 고단해 집니다. 인간이 다른 동물과 구분되는 것은 바로 이러한 의식적인 노동을 통해 자기 자신을 확인한다는 것이에요.

2. 노동을 가시화시켜 이윤을 창출하는 것이 자본주의 사회라는 겁니다.

자본주의의 핵심은 '상품생산' 입니다. 모든 생산 자본에 대비해 (생산에 투여되어 있는 원가) 이윤, 즉 잉여가치를 남기는 것이 자본주의의 목적이에요. 이렇게 되려면 생산량이 많고 효율적이어야 합니다. 분업의 효율이라는 게 등장하죠. 지난번 국부론에서 이야기한 바 있듯, 애덤 스미스가 관찰해보니 장인 한 명이 상품의 전 과정을 혼자 다 하면 10시간이 넘게 걸리는데, 분업을 하니 4,800개가 나오더라는 겁니다. 480배죠. 이렇게 노동이 분화되면 생산량이 폭발적으로 증가합니다. 대신 일의 즐거움은 사라지죠. 이것이 바로 '노동의 소외' 입니다. 마르크스는 「경제학 철학 수고」에서 노동 소외의 4가지 종류에 대해 이야기하고 있습니다.

첫 번째가 '임금 노동자의 생산품으로부터의 소외' 입니다. 노동자가 생산한 생산품은 이제 내 것이 아니게 됩니다. 노동자는 자신이 만든 생산품을 소유하지 못하고, 그 물건을 만든 대가로 월급만 받게 됩니다. 그 물건에서 떨어지게 된다는 것입니다. 자동차 회사에서 일하는 노동자가 최고급 차를 만든다 할지라도, 그것은 자신의 것이 되지 못하고 시장으로 가게 되죠. 자신이 만든 생산품과 떨어지게 되는 것입니다.

두 번째는 '노동과정에서의 소외' 입니다. 다르게 말하면 '자기 소외' 입니다. 제가 고등학교 때 남포동에 자주 갔는데, 남포동의 한 빵집 점원이 항상 계란을 깨고 있는 걸 본 적이 있었습니다. 그걸 보면서 참 재미없겠다 생각했던 기억이 떠오르네요. 생각해보세요. 하루 종일 계란만 깨고 있는데 재미가 있겠습니까. 나중에는 '도대체 내가 뭐하고 있지' 라는 생각이 들지 않겠습니까. 이와 같은 노동 과정은 자신과 아무런 관계가 없습니다. 단지 톱니바퀴가 되어 같은 행위를 단순 반복만 할 뿐이지, 아무런 보람도 기쁨도 느끼지 못하는 거예요. 자기가 자기가 아닌 느낌이 들게 됩니다. 이것이 노동 과정에서의 자기 소외입니다. 생산 과정에서 자신이 완성돼 간다는 느낌이 아니라, 오히려 마모되고 소진되어 가는 느낌이 들게 되죠. 일 자체가 하나도 즐겁지 않습니다. 일이 즐거우면 참 좋겠죠. 억지로 하는 일과 신나서 하는 일은 다릅니다. 사회적 분업도 필수적 활동이 있는가 하면, 자본의 논리에 의해 없어도 되는 일들이 많습니다. 요즘엔 장화가 유행이라고 하죠. 많은 친구들이 20만 원짜리 장화를 신고 다니면서 무좀도 걸리고 하는데 이것이 없어지면 그것을 만드는 사람들은 힘들어 지겠지만, 실제로는 없어도 되는 것이죠. 이처럼 자본주의 사회 안에서는 불필요한 욕구들이 자꾸 만들어집니다. 또 자본주의 사회에서의 노동은 물건을 만드는 과정에서 인간으로서 자신을 완성시키는 것이 아니라, 일을 하면 할수록 뭔가 빠져 나간다는 느낌을 들게 해요. 이것 역시 소외죠. 이러한 인간 소외가 계속되면 도대체 내가 인간인지 아닌지 모르겠다는 생각이 들 정도가 됩니다. 이것이 세 번째로, '유적(類的)존재로서의 소외' 입니다. 나라는 존재를 톱니바퀴 안에 든 하나의 기계이고 부품이지, 사람으로 볼 수 있냐는 겁니다.

끝으로 네 번째는 '타인으로부터의 소외' 입니다. 다른 사람과 떨어져 있으므로 사람과 사람과의 진정한 커뮤니케이션이 불가능하죠. 이처럼 마르크스는 자본주의 사회에서의 노동은 스스로부터도 소외되고 남과의 진정한 커뮤니케이션도 불가능한 것으로 결국은 모두가 단절되고 소외된 사회로 나아가는 길이 된다고 보았습니다.

3. "한 개인의 본질은 그가 맺고 있는 사회적 관계의 총체이다. 이 사회적 관계는 생산활동에서 그 개인이 갖는 노동관계에 의해 일차적으로 규정 된다"는 언술입니다. 마르크스는 「포이어바흐에 관한 테제」에서 이렇게 말한 바 있는데 이는 말 그대로 그 사람의 본질은 따로 있는 게 아니라 후천적으로 만들어지는 것인데 그 사람이 가지고 있는 사회적 관계의 총체야말로 바로 그 본질이라는 말이죠.

4. "인간이 종교를 만들지 종교가 인간을 만드는 것은 아니다. 종교상의 불행은 한편으로는 현실의 불행의 표현이자 현실적 불행에 대한 항의이다. 종교는 곤궁한 피조물(피압박 민중의)의 한숨이며 무정한 세계의 감정이고 또 정신을 상실해버린 현실의 정신이다. 종교는 민중의 아편이다."

「헤겔 법철학 비판 서설(Critique of Hegel's Philosophy of Right)」에서 나오는 애기입니다. 계몽주의 철학자들의 특징은 종교에 대한 부정이었죠. 이를 바탕으로 보면 마르크스는 계몽주의 철학자이자, 계몽주의의 정통 후예입니다. 계몽주의의 핵심은 무신론이죠. '인간이 종교를 만들지 종교가 인간을 만드는 것은 아니다' 라는 말은 극단적으로 '신이 인간을 만든 것이 아니고, 인간이 신을 만들었다' 는 얘기가 되죠. 이 말 역시 마르크스만 이야기한 것은 아니고, 에밀 뒤르켐도 종교는 사회적 산물이라며 인간의 사회적 활동에 의해 만들어진 것이라고 한 바 있습니다. 뒤르켐은 18살 때 종교를 떠나죠. 기독교 문화권에서 무신론자가 된다는 것은 결코 쉬운 일이 아닙니다. 우리가 유교 문화권인데, 유교 문화대로 안 살겠다고 하면 '쌍놈' 소리를 듣잖아요. 마찬가지로 기독교 문화에서 무신론자라는 것은 굉장히 욕을 먹는 일이거든요. 많은 사람들이 태어나자마자 세례를 받기도 하고, 일상의 모든 의식이 교회와 연결되어 있기 때문에 무신론자가 되면 일상생활 자체가 힘들어지게 됩니다. 그런 의미에서 마르크스는 계몽주의의 철저한 후예라고 볼 수 있습니다.

마르크스에 의하면 종교는 본질적인 문제를 해결해 주지 않는다는 거에요. 그래서 '종교는 민중의 아편이다' 라는 말을 남겼죠. 우리가 아플 때도 진통제를 맞으면 그 순간은 안 아프지만 병이 근본적으로 치료되는 것은 아니죠. 따라서 마르크스는 근본문제를 해결하자고 주장합니다. 근본 문제를 해결하려는 사람들을 가리켜 '근본주의자' , 즉 'radicalist' 라고 부릅니다. 'radical' 이라는 말은 '근원적' 이라는 뜻으로, 말 그대로 문제의 뿌리부터 치료하자는 의미를 갖죠. 그야말로 '혁명(革命)' 입니다.

5. "삶이 의식을 결정하는 것이지 의식이 삶을 결정하는 것이 아니다" (「독일이데올로기」 中) "사람들의 의식이 그들의 존재를 결정하는 것이 아니라 반대로 그들의 '사회적 실존' 이 그들의 의식을 결정한

다”(「정치경제학비판요강」中)

이 말이 상당히 중요합니다. 여기서 ‘사회적 실존’에 대한 해석은 ‘실존적 상황’이라고 보면 되겠죠. 그가 처한 사회적 상황이 의식을 결정한다는 말입니다. 의식이 바뀌면 삶도 바뀔 수 있죠? 그러나 어떤 것이 더 일반적으로 일어날까요? 보통 사람들은 생활이 의식을 결정합니다. ‘삶이 그대를 속일지라도’라는 말처럼, 우리는 나이가 들거나 주변의 환경, 조건, 상황의 변화에 따라 생각도 변하게 마련인 거죠. ‘금강산도 식후경’이라는 말이 바로 마르크스주의적 사고방식이기도 합니다. 배가 고픈데 무슨 금강산을 구경한다는 말입니까? ‘밥 먹고 금강산 구경하자’는 것이 마르크스 사상의 핵심입니다. 마르크스는 보통 사람들이 살아가는 원리를 꿰뚫어 보았습니다. 마르크스의 ‘사적유물론’은 하늘에서 내려오는 것이 아니라, 땅에서, 현실에서, 자본주의 사회에서 살고 있는 사람들의 모습을 그대로 끄집어 낸 것입니다. 우리 주변에 있는 사람들이 마르크스 사상의 본체입니다. “야, 밥 먹고 하자” 하잖아요. 또 우리는, “너는 평생 그렇게 살았으니 그렇게밖에 생각을 못하지”, “그냥 저 사람은 그렇게 살아왔으니 그런가보다” 등등의 말을 자주 하죠? 그만큼 생활이 우리 의식의 틀을 만들고 그 틀로 세계를 바라보게 된다는 것입니다.

어떤 스님들은 깨달음을 얻기 위해 며칠씩 굶고 잠을 안자기도 한다지만, 보통 사람들이야 등 따시고 배부르면 최고입니다. 누워서 생각이 다르고, 서서 생각이 다르잖아요. 그것이 마르크스가 말하는 ‘materialism’입니다. 생활은 독립변수이며, 의식이 종속변수입니다. 이것은 여전히 유효하죠.

6. 역사의 진행은 인간의 의지적 활동에 의해 이루어진다는 점입니

다. 마르크스는 역사를 신의 선언적인 목적이 있는 것이 아니고, 인간의 의지적 활동에 의해 진행되는 것으로 보았습니다. 어떤 정해진 목적이 있는 것이 아니고, 인간에 의해 만들어지고 이루어지는 것으로 본 거죠. 모순을 극복할 수 있다고 믿었던 바로 이 부분에서 마르크스가 가진 계몽주의적 낙관이 드러나기도 합니다. 마르크스는 허무주의자가 아니라 근대 계몽주의, 낙관주의의 후예로 인간의 합리적인 이성으로 노동 소외를 극복해나가면 더 나은 세계로 갈 수 있다는 진보의 관념을 가지고 있었습니다. 이것은 나아가 역사의 마지막에는 우리가 꿈꾸는 이상적 낙원, 즉 파라다이스로 갈 수 있다는 믿음과 연결되고 그래서 로버트 터커(R. Tucker, 1918~2010)의 경우엔 마르크스주의는 종교와 같은 발상을 가지고 있다며, '신이 없는 기독교'라고 표현하기도 했죠.

7. 콩트를 비롯한 많은 사상가들이 인류 진화의 시점을 사고방식을 기초로 구분한데 반해 마르크스는 경제체제에 기초해 구분했다는 점입니다. 마르크스는, ① 아시아적 생산양식 ② 노예제의 고대적 생산양식 ③ 농노제의 봉건적 생산양식 ④ 임금제의 자본주의적 생산양식 ⑤ 사회주의적 생산양식으로 구분하여 사고방식 자체가 생산양식(경제체제)에 따라 변할 수 있다고 보았습니다.

8. "역사의 변동은 인간집단이 삶을 영위하기 위해 생산하는 과정에서 야기된 생산력(일정한 사회의 생산능력: 과학적 지식, 기술 장비 및 집단노동의 조직)과 생산관계(본질적으로는 소유관계와 국민소득의 분배)의 모순에서 비롯된다"고 주장한 점입니다.

9. "이러한 생산관계는 생산에서 동일한 위치를 점하는 인간집단

인 계급을 만들어내고 이 계급들 간의 상충되는 이해관계가 새로운 사회관계를 추동해낸다. 지금까지 역사는 계급투쟁의 역사이다." 라고 주장한 점입니다. 물론 계급투쟁에 대한 언급은 마르크스가 처음 제기한 것은 아니고 스코틀랜드 계몽주의자들이나 데이비드 리카도(D. Ricardo, 1772~ 1823)도 역시 계급갈등과 계급투쟁의 역사를 언급한 바 있죠. 이 계급이 현대사회에 와서는 상당히 많이 분화되죠.

10. "생산력과 생산관계의 모순은 역사의 혁명이론을 함축시킨다. 정치적 우연이 아니라 역사적 필연성의 표현이다." 이러한 주장은 마르크스주의에서 베른슈타인(Eduard Bernstein, 1850-1932)-카우츠키(Karl Kautsky, 1854-1938)-레닌(Vladimir Ilich Lenin, 1870~1924) 으로 이어지는 수정주의의 중요 논쟁점입니다.

혁명이론에서 이른바 폭력적인 프롤레타리아의 독재로 가는 것에 대한 수정주의 논쟁이 일어난 적 있습니다. 1890년대 가서 수정주의가 나오는 이유는 마르크스가 강단 사회학자들에 의해 알려지고 그들이 마르크스를 비판하면서부터죠. 베른슈타인은 초기에 양극화 현상이 일어나지 않는다고 주장하면서 카우츠키로부터 통계 자료를 잘못 사용했다는 비판을 받습니다. 또한 그는 역사는 법칙성에 의해 일어난다는 것에 반대했죠. 카우츠키는 레닌으로 연결되면서, 노동자들은 스스로 자발적인 힘을 가지지 못하고, 전문적인 지식인, 혁명적 지식인들의 보호를 받아야하며 전위당이 구성되고 혁명친위대가 나와 러시아를 장악해가는 것으로 나아가죠.

이렇게 마르크스의 사회변동, 혁명에는 두 가지 관점이 있습니다. 하나는 인간의 의지적 활동에 의해 혁명을 만들 수 있다는 것이고, 또 다른 하나는 모순이 심화되면 자연히 터져 나온다는 것입니다. 앞의 관점으로 하면 '극좌 모험주의자'가 될 수 있고, 또 뒤의 관점으로 하면 모순이 객관적으로 심화될 때까지 기다려야하기 때문에 대기론의 함정에 빠진다는비판을 받게 됩니다. 마르크스는 이 두 가지가 함께 가야 한다고 했습니다.

11. 마르크스가 이전의 부르주아 역사학자들과 다른 점은 계급들의 존재가 생산의 특정한 역사 발전단계들과 연결되어 있고, 계급투쟁은 필연적으로 프롤레타리아 독재로 귀결되며 이러한 독재는 모든 계급이 지양되는 계급 없는 사회로 가는 이행기에 불과하다고 주장한 점입니다.

12. 국가는 지배계급의 통치기구이며 언젠가는 소멸되어야 할 것으로 보았다는 점입니다. 그러나 마르크스는 무정부주의자들의 주장처럼 국가가 당장 없어져야 하는 것은 아니라고 했습니다. 헤겔의 경우엔 국가를 상당히 높이 평가했습니다. 국가에 대해 좋게 평가한 것이죠. 예전 고대 그리스의 도시 국가와 같은 느낌으로, 국가 안에서 도덕성이 확보되고 보편적 원리가 추구되며 또한 구현될 수 있다고 보았습니다. 하지만 마르크스는 국가란 언제나 지배계급의 이익을 대변하는 통치기구라고 보았습니다. 국가는 지배계급들의 이익을 관철하는 수단이라고 보았던 것입니다. 실제로 요즘을 봐도 법이 보편적인 정의를 실천해야 하지만 그렇지 못한 경우가 많이 있습니다. '유전무죄 무전유죄'란 말이 있듯이, 돈을 가진 사람과 가지지 못한 사람의 법의 적용이 같지 않죠. 법 집행만 잘해도 정의가 실현될 테지만, 힘 있는 사람들에 의해 법 집행이 영향을 받습니다.

우리나라 민족성의 중요한 특징 중 하나가 복수를 하지 않는다는 건데요. 이는 장점이자 단점이라고 할 수 있겠습니다. 이 때문에 서양처럼 역사의 단죄가 잘 이뤄지지 않죠. 외국 같은 경우, 무고한 광주 시민들이 학살당하는 사건이 벌어졌다면 지금쯤 전두환 씨가 저렇게 살게 놔두었을까요? 하지만 우리나라는 그저, "아이고 됐다. 많이 했다. 그만해라"라는 식이죠. 끝까지 추적하고 꼬치꼬치 따지는 것을 오히려 야박하다 말합니다. 심지어 광주에 사는 사람들조차도 그를 테러하거나 하지 않습니다. 김구 선생을 암살한 사람에 대해서도 마찬가지죠. 우리는 지나간 일에 대해 잘 묻지 않습니다. 가까운 일본의 경우만 해도 전혀 그렇지 않은데 말이죠.

저는 이것이 너무 특이해서 프랑스에 있을 때 그들에게 한 번 물어본 적이 있어요. '죄를 지은 사람은 발 뻗고 못 잔다'는 말을 이해할 수 있느냐고 하니 그렇다고 했습니다. 그런데 관점이 완전히 다르더군요. 우리나라는 가해자가 발 뻗고 못자는 이유가 자신의 죄의식 때문이라고 생각하지만, 프랑스인들은 '상대방이 복수할까봐 불안해서'라고 해석했습니다. 근본적으로 달랐어요. 우리나라는 가해자의 입장까지 고려하며 '지도 얼마나 괴로울까' 미루어 짐작하지만 그들은 가차 없이 처벌받아 마땅하다고 본다는 겁니다. 우리의 사고가 이렇습니다. 이러한 근본적인 시각차이가 중요합니다. 우리는 잘 용서합니다. 이것이 우리의 문화입니다. 이것을 잘 알아야 합니다.

13. 마르크스의 논의에서 국가와 민족은 왜 중요하게 다루어지지 않을까요? 「공산당 선언」에도 '노동자에게는 조국이 없다'는 말이 나오죠. 우선 독일에 뿌리내리지 못한 유태인으로서 생애 대부분을 망명과 다양한 민족 출신의 혁명가들과 생활한 개인적 배경이 있

을 겁니다. 여기에 마르크스가 깊이 침윤되어 있던 계몽주의 사상 자체가 국가적 충성이나 갈등은 합리주의와 자유주의 등의 진전과 함께 사라지리라고 상정한 탓도 있습니다. 또, 헤겔의 특정한 유산 때문이기도 한데 특히 시민사회의 탈민족적, 탈국가적 성격에 대한 통찰이 중요합니다. 헤겔은 국가 속에서 개인의 자유 확보를 기대했지만 마르크스는 시민사회, 국가 전체의 소멸에서 완전한 자유와 해방을 상정했던 겁니다.

마르크스는 언제나 전 인류가 대상이었지, 민족주의에는 관여하지 않았습니다. 민족의 모순에 대해 생각하지 못한 것은 마르크스의 한계이기도 합니다. 따라서 진보적 지식인들이 마르크스의 사상을 우리나라 현실에 적용할 때 기계적으로 해 버리면, 우리의 민족적 모순을 간과할 수도 있는 것이죠. 진보 진영이 특히 이것을 잘 알아야 합니다.

14. 마르크스가 말하는 이상사회로서의 공산주의 사회의 특성은, 노동의 소외가 극복된 사회입니다. 분업의 폐해를 극복하고 능력에 따른 분배를 넘어서 필요에 따른 분배(고타강령비판)로 간다는 것이죠.

마르크스 사상의 역사적 함의

1. 우선 마르크스는 자본주의의 원리가 현대사회 전반에 관철된다는 것을 치열하게 부각시켰습니다. 이것을 그처럼 치열하게 주장한 사람은 없었습니다. 또한 그는 한 사회의 상부구조와 지배적 이데올로기는 지배계급의 이익과 밀착되어 있다고 주장했죠. 즉, 한 사회의

지배계급의 사고가 그 사회의 지배적 이데올로기가 된다는 말입니다. 이것이 상당히 중요합니다. 우리도 마찬가지입니다. 역사는 항상 '힘 있는 자' (발언권이 있는 자)들에 의해 쓰여 왔습니다. 이것이 공식적인 역사이죠. 힘없는 자들의 기록은 모두 야사(野史)로 기록됐습니다. 우리는 이때까지 힘 있는 사람의 역사만 봐온 셈입니다.

2. 마르크스의 임금착취에 의한 잉여가치론은, 일찍이 '엔지니어 사회주의'를 주창한 헝가리 사회주의자, 기욜라 헤베시(Giulya Hevesi, 1885-1966)에 의해 부정되었습니다. 이 당시에 벌써 헤베시는 잉여가치가 인간의 소박한 노동에서 나오기보다는 '기술혁명'에 의해 나온 것이고, 노동자는 주변적인 역할 밖에 되지 못한다고 했죠. 이것이 나중에 수정주의의 주요 관건이 됩니다. 우리도 흔히 생각하기론 잉여가치가 노동자의 피땀에서만 나오는 것이 아니라 오히려 특허나 생산기술, 아이디어 등 죽은 노동에서 나온다고 생각하죠.

3. 자본주의 사회에서의 분업에서만 노동소외가 존재할까요? 주체가 국가든 기업이든 간에 효율성과 생산성, 업적주의가 노동의 착취를 일으킵니다. 다른 말로, 생산성과 효율성이 노동의 소외를 일으킨다는 것이죠. 그렇다면 자본주의에서만 노동소외가 일어나는 것은 아니겠지요. 사회주의 국가에서도 작업능률을 높이려면 쥐어짜야 하잖아요. 마르크스의 사상이 부활되느냐 되지 않느냐의 여부는 특정사회에서의 자본주의적 모순의 심화 정도에 따라 달라집니다. 자본주의적 모순이 심화될수록, 사회가 힘들어질수록, 마르크스의 망령이 되살아나게 됩니다. 최근 한국사회의 인문학에서 왜 마르크스가 나올까요? 그것은 한국의 자본주의 모순이 서양에서의 그것과는 격이 다르기 때문입니다. 우리나라는 IT산업이 가져온 이미지 과잉 상태가 다른 나

라보다 굉장히 심화돼 있습니다. 우리나라만큼 IT 산업이 자본주의 논리에 의해 상품화된 곳이 없습니다. 전통문화를 비롯해 모든 것이 상품화되어 되돌아오고 있죠.

고들리에(Maurice Godelier, 1934~)라는 마르크스주의 인류학자가 있습니다. 우리나라에도 한 번 왔었습니다. 그는 관념적인 것과 물질적인 것, 이것이 나누어질 수 있을까에 대한 답을 마르크스에서 찾았습니다. 제일 초보적인 것이 바로 생산력입니다. 생산력의 구조는 물리적인 것도 있겠지만 과학기술도 있습니다. 과학기술은 상부구조죠. 생산관계에서 계약관계를 체결할 때에는 법이 들어가 있습니다. 생산력은 이미 그 당시까지 온 과학기술이 들어와 작동하고 있는 것이지요. 그렇기 때문에 물질적인 것과 관념적인 것은 서로 연결되어 상호작용하고 있는 것입니다. 이 두개는 서로 몸과 마음처럼 하나로 같이 작동하고 있다는 것입니다. 고들리에는 이것을 마르크스의 사상에서 끄집어냈습니다.

4. 생활을 회복하는 것이 공산주의의 핵심입니다. 마르크스는 국가소멸론을 주장했지만, 아나키스트와 무정부주의자들과 같이 지금 당장 국가를 없애라는 것과는 달랐습니다. 마르크스는 국가가 있으나마나한 사회. 즉, 국가가 아무런 힘을 가지지 못하게 하는 것을 목적으로 했지, 국가의 조율, 관리의 기능까지 부정하는 것은 비현실적으로 보았습니다. 생시몽도 국가의 억압적 기능의 소멸에 찬성하며, 이제 국가는 관리하고 조정하는 것이지 지배하고 종속을 강요하던 시대는 끝났다고 하였습니다. 사유재산 소멸론도 마찬가지입니다. 사유재산을 부정하는 게 아니라, 재산의 소유 여부가 오히려 부담이 되는 사회를 꿈꾼 것이죠.

5. 끝으로 마르크스의 분배론이란, 초기 공산혁명까지는 노동을 하고 난 다음에 그에 대한 정당한 대가를 얻는 것이었습니다. 가장 마지막 사회, 공산주의 사회에서는 능력껏 일하고 필요한 만큼 받는 것이었죠. 내가 가장 힘없는 사람, 장애인이 되었다 할지라도 필요한 것들은 충족시킬 수 있는 사회를 말합니다. 내가 능력이 없어 기여를 하지 못한다고 해도, 혜택을 받을 수 있는 사회 말입니다. 이게 복지 국가죠. 이것이 가장 완벽한 정의이며 이상적인 사회입니다. 그렇게 되기 위해서는 생산량이 많아야 하고, 부가 넘쳐나야 되고, 또한 개인이 사재기를 하지 않아야 하며, 개인의 욕구는 조절되어야 합니다. 마르크스는 이러한 완벽한 복지국가를 꿈꾸었던 것이죠.

社會思想

'생태주의' 라는 것은, 역설적으로
리를 둘러싸고 있는 환경을 포함한 생
가 깨어지기 시작하면서 나온 말입니
'사회학' 이란 학문 역시, 우리 사회가
속 변화하고, 또 여러 가지 사회문제가
생되니 '도대체 이 사회란 무엇인가?'
대해 과학적으로 탐구해보고자 나온 학
인 것처럼 말입니다.

9/ 생태주의

계속되는 생태계 파괴

생태주의 의미와 다양한 갈래

생태주의의 사회적 함의

커뮤니케이션 혁명의 효과

새로운 범아일체론(梵我一體論)

9/

생태주의

이번 장에서 다룰 주제는 '생태주의'입니다. 어찌 보면 가장 이상적인 이야기일 수도 있겠습니다. 생태주의를 얘기하려면 먼저 장 자크 루소를 얘기해야합니다. 그는 사회계약설을 이야기하면서 부르주아적 자유주의 사상과 함께 사회주의적 요소와 연관되는, 구성원 전체의 공익을 강조한 이른바 '일반의지'의 개념, 즉 프롤레타리아 혁명과 관련되는 사상들을 함께 얘기하고 있죠.

산업혁명 이후 주도권을 부르주아가 잡으면서 정치적으로는 자유주의, 경제적으로는 자본주의라는 두 가지 사상이 합쳐 진 이른바 '자유진영'이라는 것이 형성됩니다. 그리고 이에 반대되는 개념으로 '사회복지'의 개념이 등장하죠. 19세기가 되면 자본주의의 모순이 드러나기 시작하면서 부르주아 혁명의 상징이었던 자유, 평등, 박애가 분리되기 시작합니다. 그전, 18세기까지는 개인의 자유와 평등, 박애는 모순되지 않았어요. 하지만 산업혁명과 자본주의가 가장 먼저 일어난 영국에서 자본주의의 모순도 가장 적나라하게 드러나기 시작하죠. 동시에 '사회복지' 역시 그 곳에서 가장 먼저 등장하게 되는 겁니다.

자본주의는 프롤레타리아의 불평등을 심화시킵니다. 한 사람의 자유는 다른 사람에게 불평등을 준다는 것이죠. 이러한 노동자들의 불평등과 비참한 삶은 한국에서도 흥행했던 최근의 영화 〈레미제라블〉에서도 잘 나타납니다. 한편 이런 자본주의의 한계와 모순을 극복하기 위한 방안으로 마르크스 사상, 사회주의 운동, 노동자 운동 등이 급부상하게 돼요. 이른바 진보진영이라 불리는 좌파 이데올로기 속에서는 부르주아 자유주의 사상을 깨부수는 것이 일차적 목적이 됩니다. 여기서 마르크스가 주장했던 공산주의는 일종의 '유토피아'이지요. 프랑스의 프루동같은 경우에는 '무정부주의'를 언급하기도 하는데 마르크스는 이들과 근본적으로 의견이 달랐어요. 그는 '국가가 없어야 한다'는 그들의 주장을 '소망'에 불과한 것으로 봤고 장기적인 관점에서는 국가의 억압적 기능이 사라지더라도 조정, 관리의 기능은 남아있어야 한다는 입장이었어요. 이 때문에 마르크스는 무정부주의자들과도 끊임없이 사상적 논쟁을 벌였지요. 이 같은 흐름을 우선 염두에 두고 생태주의에 대해 본격적으로 다뤄보았으면 합니다.

계속되는 생태계 파괴

'생태주의'라는 것은, 역설적으로 우리를 둘러싸고 있는 환경을 포함한 생태가 깨어지기 시작하면서 나온 말입니다. '사회학'이란 학문 역시, 우리 사회가 계속 변화하고, 또 여러 가지 사회문제가 발생되니 '도대체 이 사회란 무엇인가?'에 대해 과학적으로 탐구해보고자 나온 학문인 것처럼 말입니다. 생태주의도 마찬가지입니다. 자본주의 이후 자연 정복의 개념이 나오고 모든 것이 자연 정복으로 이어지다 보니 생태계 파괴도 심화되고 그 부작용들이 나오기 시작하면서 주목하게 된 거죠. 지구의 허파라는 아마존도 화전농업, 열대우림을 지나는 고속도로, 골드러시, 관광객, 밀렵과 군인들 등에 의해 경고등이 뜰 정도로 파괴되고 있습니다. 전 지구적으로 폭우, 폭설, 폭염 등 기후격변현상이 일어나고 있지요. 산성비나 오존층파괴 등으로 인한 생태계 파괴도 심각합니다. 원자력발전소도 뜨거운 화두가 되고 있죠. 가까운 일본에서 후쿠시마 사태가 심각했었고 당장 우리나라에서도 여수 화력 발전소와 고리 원자력 발전소에서 나오는 물로 인해 플랑크톤, 멸치, 문절망둥이 등이 3,900여만 마리나 죽은 적이 있다고 하지요. 이런 사례들은 수도 없습니다. 지구온난화도 더욱 가속화되고 있죠. 이 모든 게 인간이 만든 문명의 결과입니다. 몇 년 전부터는 '지구가 멸망한다'는 말들도 심심찮게 흘러나오고 있습니다.

그런데 최근 이런 흐름과 더불어 주목받고 있는 생태주의에서 문제가 되는 것 중 하나가 바로 '생태관광'입니다. '원시생태를 보존하자'는 취지로 하는 것이 '생태관광'인데, 이것이 역으로 생태를 파괴하는데 큰 역할을 하고 있다는 거죠. 완전한 역설입니다. 생태관광으로 인해 자연이 파괴되고 있는 사례를 한 번 살펴볼까요?▪ 에베레스트 산 인근의 '쿰부 계곡'은 2003년까지 2만 5,000여 명의 등반객들이 방문했는데, 그 결과 숲이 심각하게 훼손됐다고 합니다. 등반객들이 야영을 하고, 지역 주민들이 관광객 유치를 위해 간이 찻집 등을 지음으로써 자연이 훼손된 것입니다. 북극곰을 직접 보기 위해 몰려 든 관광객들 때문에 곰의 생태도 달라질 수 있다고 하죠. 빙하가 사라져가는 모습을 보기 위해 전 세계에서 몰려든 생태에 관심을 가

▪ 세계일보. 2006.11.7. '친환경 체험 관광이 되레 생태파괴 한몫.'

진 관광객들이 늘어날수록, 역설적으로 빙하가 녹아내리는 속도도 빨라집니다. 브라질의 프라이어 도 포르테 지역에 있는 '생태 휴양지'는 대표적인 환경 파괴사례로 지목되는데 개발업자들이 이 지역에 객실 수가 247개에 달하는 대형 호텔을 건설하면서 수천 에이커에 달하는 원시 밀림지역을 훼손했다고 합니다. 생태가 잘 보존된 나라에서 외화 벌이하기 가장 쉬운 방법이 바로 '관광'이겠죠. 2차 산업으로 가기 위해서는 돈과 시간이 많이 드니까 우선 있는 자원을 활용한 관광산업이 각광받는 것인데 하지만 이로 인해 그들의 자연은 더 빠르게 파괴되고 있는 겁니다.

사회주의 국가 중국을 보죠. 선조(왕조)들이 백성들을 착취한 결과물의 상징이 자금성이고, 이외에도 많은 문화재들이 남아있습니다. 모두 인민들의 피로 만들어진 것이죠. 실제로 사회주의 국가들은 초기 관광산업 활성화 이전에는 외국에서 온 사람들에게 '이것들이 다 인민들의 피로 만들어진 것'이라며 자랑스럽게 얘기했다고 해요. 하지만 지금 그것들은 모두 외화벌이의 수단으로 이용되고 있을 뿐입니다. 옛날 착취 계급이 만든 유산이 자본주의 사회에 살고 있는 후대에게 먹을거리가 되고 있는 것입니다. 조선족 엘리트들이 가장 많이 선호하는 직업 중 하나도 '관광가이드'입니다. 달러를 만질 수 있기 때문이죠. 이렇듯 자본주의에서는 모든 것이 재화로 연결되고 바뀔 수 있게 됩니다.

'생태관광'은, 다시 말하지만, 제조업을 할 수 없는 나라들이 가장 손쉽게 돈을 벌수 있는 방법 중 하나입니다. 3차 산업, 관광자원을 개발하는 것은 지금 전 세계의 화두이기도 합니다. 히말라야를 비롯해 스위스, 캐나다, 아프리카 등 많은 나라들이 그렇게 돈을 벌고 있지요. 아프리카의 국립공원에는 동물들을 찍는 파파라치들이 있다고 합니다. 이들은 야수들이 어떻게 먹이 사슬을 이용하는지를 찍어 방송회사에 판다고 하죠. 이것이 그들의 직업이라고 합니다. 제가 1990년 중국과의 공식적 수교 직전에 중국 시안(西安)에 갔을 때가 기억납니다. 현재 시안은 관광지로 개발돼 수많은 관광객들이 오는 도시죠. 하지만 당시의 시안에서는 일요일에는 수많은 주민들이 외국 관광객들도 찾는 대안탑이나 그 주변 광장 등에서 가족들과 휴일을 즐기고 있었습니다. 그들은 모두 하나같이 값싼 사탕수수를 사먹는 겁니다. 그리고 그것 때문에 생긴 쓰레기가 딱 하루가 지나자 산을 이루었습니다. 그 산더미 같은 사탕수수 껍질의 양에 놀랐던 기억이 새삼스러운데 그렇듯 관광자원을 개발하면 사람들은 몰리게 되고 많은 사람의 발길이 닿으면, 자연은 파괴되는 게 당연한 순서이겠지요.

여기서 중요하게 짚고 가야할 것은 현대사회에서 '관광'이 과연 무엇을 의미하는가, 라는 겁니다. 관광은 자본주의 사회에서 시간과 경제적으로 여유 있는 사람들이 하는 것입니다. '자본주의의 유한계급'들이 인류 모두가 공유해야 할 청정지역을 관광하며 자연을 훼손하고 있다는 것입니다. 청정 자연을 관광지로 개발한다는 것에 대해 다시 한 번 생각해 봐야 합니다. 우리가 유형, 무형으로 생태파괴에 기여하고 있다는 것도 알아야 하지요.

토양 또한 오염되고 있습니다. 급속히 산성화되고 있어요. 환경호르몬, 유전자 변형, 게놈 등 생태의 내부구조도 파헤쳐지고 있습니다. 또 꼭 그만큼 자연도 파괴되고 있습니다. 최근 모든 농가가 농약을 사용하고 있죠. 생산량을 늘리고, 제품의 모양을 위해서도 농약을 잔뜩 뿌려야 합니다. 하지만 그래도 수입은 크게 늘지 않죠. 제대로, 정직

하게 농사를 지으면 굶어 죽을 수밖에 없는 세상이 되었습니다. 생태를 살리고자 유기농 제품을 구입하려고 해도 그 비용부담이 만만치 않습니다. FTA까지 체결되었으니 상황은 더 심각해질 겁니다.

제가 초등학교 다니던 시절인 1950년대까지만 해도 메뚜기를 잡아서 먹던 기억이 있습니다. 시장에 가면 메뚜기를 꼬챙이에 꽂아놓고 팔았는데 그게 가장 흔한 간식이었어요. 요즘은 메뚜기를 보기 힘듭니다. 농약 때문이죠. 메뚜기와 농약은 상극이거든요. 이렇게 귀하게 되다 보니, 요즘 어디서 메뚜기가 나오는지 아세요? 바로 최고급 룸살롱입니다. 거기서 최고급 안주로 메뚜기가 나온다고 해요. 신기한 일이죠. 서울의 재벌들이 휴전선 근처에 논을 사서 농약을 쓰지 않고 유기농 재배를 시킨다는데 목적은 딱 두 가지, 쌀과 메뚜기라는 거예요. 그렇게 흔했던 메뚜기가 비싼 안주가 되고 재벌들만 먹는 게 되다니 희한한 일입니다. 또 굉장히 큰 자연산 논고동도 예전에는 손으로 잡았습니다. 하지만 지금은 보기 힘들죠. 프랑스의 고급 요리재료로 알려진 달팽이도 논고동과 크기가 비슷합니다. 저도 어렸을 때 많이 잡아 봤기 때문에 프랑스 유학 시절 달팽이 요리를 보고 그리 낯설어 하지 않았었죠. 이처럼 예전에 쉽게 볼 수 있고 먹을 수 있었던 것들이 사라지면서, 점점 '귀한 음식'들이 되어가는 것도 한 번쯤 새롭게 생각해 볼 일이죠.

생태주의 의미와 다양한 갈래

'환경'은 오로지 인간의 생명과 관련되어 있는데 반해, '생태계'는 모든 생명체를 총괄합니다. 즉, 모든 생명의 영역을 '생태계'라고 하는 거죠. 그래서 '생태주의'란, 환경주의보다 더 근본적이고 급진적으로 환경문제를 바라보는 사상입니다. 전통적인 환경주의가 사회의 틀을 그대로 유지하면서 환경 문제를 해결할 수 있다고 여겼다면, 생태주의는 이에 대해 이의를 제기합니다. 생태주의 관점을 따르면, 환경 문제는 사회적, 경제적, 정치적 질서들의 문제가 겹쳐져 만들어낸 표면적 증상일 뿐이며, 자연환경만의 문제가 아니라 인간사회의 총체적 문제가 생태문제와 직결돼있다고 보는 것입니다. 따라서 환경문제를 해결하기 위해서는 사회 전체에 있어 보다 근본적인 변화, 말하자면 '혁명적' 변화가 필요하다고 봅니다. 그렇지 않으면 해결될 수 없다는 것이죠. 환경주의가 '개량(reform)'이라면 생태주의는 '혁명(revolution)'이라고 할 수 있겠습니다.

생태주의에도 여러 종류가 있습니다. 먼저 '생태 낭만주의'(ecological romanticism)입니다. 말 그대로 파괴된 생태에 대한 감성적인 반응이죠. 생태 낭만주의는 18세기 낭만주의 사조가 활기를 띠면서 환경위기를 극복하기 위한 대안으로 나타난 사상입니다. 여기서는 사회제도의 개선이나 변혁에 신경 쓰기보다는 자연에 대한 인간의 감성을 제고시키고, 이를 통해 개인의 가치관 변화와 실천적 행보의 변화를 이끌어내는 것이 환경 문제의 근원적 해결에 도움이 된다고 여겼습니다. 가치관의 혁신과 유포가 지속된다면 문화 패러다임의 교체가 형성되면서 환경위기가 극복될 수 있다는 것이죠.

생태 낭만주의의 전형으로는 두 가지가 있는데, 심층 생태주의(deep ecology)와 문화적 생태 여성주의(cultural eco-feminism)가 있습니다. 먼저, 심층 생태주의는 환경위기의 원인으로 인간 중심의 자연 지배적 세계관을 지적합니다. 이들은 서양 전통의 세계관에 내재된 인간 우월주의와 이원론적 분리주의에 반대하며 두 가지 규범을 내세웠습니다. 첫 번째는 생명적 관점에서 인간이나 자연적 존재가 평등하다는 생명 중심적 평등(bio-centric equality)이고, 두 번째는 나를 나 이외의 타인과 동식물종, 지구로 넓혀서 모두를 하나로 인식하는 경지의 자기실현(self-realization)입니다.

문화적 생태 여성주의는 문화적 가치가 여성성을 회복하면 해결될 거라고 믿는 관점입니다. 그래서 '여성'이란 말이 붙은 것입니다. 여기에는 남녀 구별의 문제도 녹아들어 있는데, 이들은 남성 중심주의 사회에서 폄하된 여성적 가치 즉, 감성과 영성을 통해 여성주의의 문제와 환경문제를 함께 풀어가려 했습니다. 이 입장을 따르면, 생명체를 낳고 부양하는 자연은 모든 것을 품는 '어머니'로 파악될 수 있어 여성과 동일시됩니다. 따라서 자연에서 생태 영성(ecological spirituality)을 분별하여 지구자연을 구하는 데 여성이 더 적합하다는 것이지요.

다음으로 '생태 합리주의(ecological rationalism)'가 있습니다. 여기서는 생태 낭만주의와 달리 계몽주의의 가치를 선택적으로 수용합니다. '역시 인간은 이성 밖에 믿을 것이 없다. 인간의 합리적인 이성에 따라 문제를 해결하자'는 것이죠. 생태 합리주의는 인간은 사회적 존재이므로 사회제도를 바르게 구축해야 하고, 그것은 인간의 이성에 의해 조성될 수 있다고 봅니다. 특히 도구적 이성을 넘어, '관계적 이성'을 통해 동료 사회구성원과 자연에 대해 호혜적으로 다가가는 것이 가능하기 때문에, 새로운 생태 사회를 조성하는 것으로 환경문제를 원천적으로 해결할 수 있다고 주장합니다. 즉, 모든 것을 도구적으로 바라보지 말고, 친환경적인 관계로서 다시 재정립하자는 것이고, 이것이 인간의 합리적인 이성, 조율로 가능하다는 것이 '생태 합리주의'의 입장이죠.

생태 합리주의의 전형으로는 사회 생태주의(social ecology)■, 사회적 생태 여성주의(social eco-feminism) 등이 있습니다. 먼저, 사회 생태주의는 요즘 가장 많이 나오는 이야기이기도 합니다. 환경위기의 뿌리를 인간과 자연의 대립적 지배관계가 아니라 마르크스가 이야기한 인간 사회 내의 사회적 서열화, 즉 지배와 복종 관계에 의한 것이라고 보는 겁니다. 그래서 마르크스주의를 표방한 이른바, 좌파 이론가들 중에 사회 생태주의자가 많지요. 이들은 자연 훼손의 문제는 환경의 문제가 아니고, '사회적 관계의 반영'이라고 보았습니다. 즉, 지배와 복종이라는 사회관계의 모순이 자연에 투영되어, 인간이 자연을 지배하면서 자연이 파괴되기 시작했다는 것입니다. 따라서 근본적인 문제를 해결하기 위해서는 자연과 인간의 관계를 변증법적으로 재정립해야 한다고 주장하죠. 우선적으로 사회의 모순 관계, 지배-복종 관계를 깨버려야 한다는 것입니다. 그러면 자연과 인간의 지배 복종 관계도 해결될 수 있다고 보았습니다. 이는 '인간은 자연과의 교류 속에서 생산, 창조하고 성장한다', '자연과 인간이 구분되지 않는다'는 마르크스의 관점과도 같습니다. 사회의 서열화에 도전하여 그것을 원천적으로 청산함으로써 환경문제를 해결할 수 있다는 사회 생태주의 관점은 아나키즘의 지평에서 생태적 인식을 적극 반영하는 사조라고도 할 수 있습니다. 따라서 생태 무정부주의(eco-anarchism)로 불리기도 합니다.

■ 1964년, 급진적인 환경운동가인 머레이 북친(Murray Bookchin, 1921~)이 최초로 주장했다. 사회적 존재로서의 인간의 관계방식에 대한 고찰이 생태위기를 다루는 데 핵심이라는 입장.

사회적 생태 여성주의는 앞에서 이야기한 문화적 생태 여성주의에서의 '여성'의 개념과 다릅니다. 문화적 생태 여성주의는 문화적 가치, 여성성에 대해 주로 이야기했다면, 사회적 생태 여성주의는 '젠더' 개념으로 사회관계 속에서의 '여성' , 보다 더 사회학적인 개념으로서의 여성을 언급합니다. 사회적 생태 여성주의에서는 문화적 생태 여성주의에서 주장한 여성적 가치의 우월론이 근본적인 해결책이 될 수 없다고 봅니다. 여성이든 남성이든 인간은 사회적 존재이면서도 자연적 존재이므로 양자의 균형 속에서 문제를 풀어야 한다는 것이죠. 또 문화적 생태 여성주의가 자연과의 영성적 결속을 중시하는데 비해, 사회적 생태 여성주의는 환경문제와 연루된 사회적이고 정치적인 사안에 관심을 표출하고 이를 변화시키는 데 주력합니다.

생태주의의 사회적 함의

앞에서 이야기 한 것들을 염두에 두고 한 번 생각해봅시다. 우리나라에서 생태주의자들을 비판하는 글들을 보면, '서로 소통되지 않는다'는 내용이 많습니다. 그 이유는 대부분 서구 이론에 너무 의존적이기 때문입니다. 독창적인 것이 없죠. 또한 우리나라에서 생태주의에 대한 논의가 어디까지 와 있는지에 대해서도 생각해 볼 필요가 있습니다. 현실정치 영역을 떠나, 좌파 이론가들 안에서조차 '진보적 자유주의'라는 말이 나오는 이 판국에, 생태주의에서 마르크스주의와의 연결고리가 어디까지 갈 수 있는지, '에코아나키즘'이 어디까지 갈 수 있는지에 대해 우리 나름대로 생각해봐야 합니다.

'신도 죽고 자연도 죽고'

이 말은 생태주의를 아주 포괄적으로 표현한 것입니다. 신도 죽고, 자연도 죽고, 마지막으로는 인간도 죽는다는 것이죠. 오귀스트 콩트라는 사회학자가 있습니다. 그는 인류 진화 과정을 단계로 나누어 설명했지요. 다신교에서 일신교로 이어지는 신학적 단계에서, 형이상학적(자연법칙, 원리) 단계, 실증적(과학적, 인간이성) 단계 순서로 발전된다는 것입니다. 형이상학적 단계는 자연 법칙, 즉, 신을 빼고 자연을 법칙으로 생각하는 추상적인 단계입니다. 신학적 단계에는 '신'이 있고, 형이상학적 단계에는 신을 빼고 자연을 법칙으로 생각하는 추상적인 '원리'가 있고, 마지막 실증적 단계에는 '인간'이 있는 것이죠. '인간'이 클로즈업되는 겁니다.

실증적 단계에서는 과학으로 모든 것을 설명합니다. 과학(만이)이 참된 진리고, 답이 됩니다. 과학이 이데올로기가 돼요. 여기서는 인간이 주가 되어 과학을 탄생시키고 모든 것을 통제합니다. 신도 없애죠. 신에 대한 미신을 없앤 것이 바로 인간의 이성입니다. 인간은 과학으로 모든 것을 설명하려고 합니다. 그 부작용으로 자연파괴가 나타나게 됩니다.

콩트는 'Savoir pour prévoir – 아는 것은 예견(예측)하기 위해서다'라고 했습니다. 그러면 왜 예측을 하느냐? 그것은 'prévoir pour pouvoir – 통제하기 위해서'라는 것이죠. 대상에 대한 통제, 지배를 위해 안다는 것입니다. 그럼 무엇을 통제할까요? 바로 '자연'이었습니다. 과학은 자연을 통제하기 위해 존재한다는 것입니다. 그전에 인간은 자연에 순응했습니다. 이제 인간은 과학을 통해 현세적 욕구를 충족시킵니다. 과학은 대상을 내 구미에 맞게 주물럭거리는 것입니다. 그렇게 과학은 모든 것을 착취합니다. 자본주의의 논리에 빠진 과학이 착취하는 것입니다.

노자는 지식은 싸움의 그릇, 시비(是非)를 가리는 것이라 했습니다. 아는 것은 힘입니다. 그 힘은 대상에 대한 통제력, 대상을 내 의도대로 바꿀 수 있는 힘을 가진다는 것입니다. 이러한 힘은 현대 사회에서는 인간의 도구적, 합리적 이성의 결과물인 과학에서 나옵니다. 하지만 이러한 도구적 이성이 관계적 이성으로 나아가지 못하기 때문에 착취가 이루어집니다. 대부분의 학자들은 도구적 이성이 관계적 이성으로까지 나아가야 바람직한 것으로 보았습니다. 그래서 소유와 정복에 대한 개념도 중요하게 부각되는 것이죠. 소유와 정복이란 개념이 없어지면 피아(彼我)의 개념도 사라지게 되는 것입니다.

비코(G. Vico, 1688~1744)는 '신(新)과학(The New Science, 원제 Scienza Nuova, 1725)에서 '인간의 사회적 행위는 인간의 의도대로 결과가 나오지 않는다', 즉 역사에는 법칙이 없다고 말한 바 있습니다. 그는 이것을 알면 삶에 대한 지혜가 나온다고 했지요. 또 이것이 아니면 시시비비만 남게 되는 것입니다. 사실 자연을 파괴하려고 개발하는 것이 아닌데, 그것은 고스란히 인간에게 다시 돌아오고 있습니다. 이것은 의도된 것은 아닙니다. 이처럼 인간의 보편적 행위는 무수히 다른 요인에 의해 달라질 수 있고, 사회적 행위에 대한 결과도 의도되지 않는 쪽으로 나올 수 있는 것입니다. 하지만 이러한 것이 과학에서는 용납되지 않죠.

우주관에 대해서도 한 번 이야기해보죠. 인간은 처음에는 자연에 지배당했습니다. 하지만 인간이 과학적 이성으로 독립하기 시작하고, 우주가 팽창한다는 우주관으로까지 확대, 발전하게 되었죠. 우주관이 변함에 따라 생각도 당연히 달라지겠죠. 지구에만 생명체가 있다고 볼 때의 사고방식과, 지구도 우주의 일부일 뿐이라고 볼 때의 사고방식은 다르죠. 생명의 개념 자체가 지구를 넘어 우주 전체로 확대될 때 뭐가 생명체인지 모르게 됩니다. 우리는 아직까지 지구적 관점 안에서 사물을 바라보고 있기 때문에, 지구 안에 존재하지 않는 생명체를 접하게 되면 그것이 생명체인지 뭔지 구분하기 어려울 것이라는 말입니다. 생태주의도 지구적 시각으로 지구 안에 갇혀서 생태를 보는 것과 지구 밖을 넘어 우주로 확대하여 바라보는 것에는 차이가 있을 수밖에 없을 겁니다.

최근에는 뇌 과학도 상당히 발달하여, 새로운 과학혁명에 큰 영향을 미치고 있습니다. 요즘은 사람의 감정을 조절하는 약도 나온다고 합니다. 이전에는 정신과에 가서 약을 타면 전체적으로 축 쳐지고 다운이 됐는데, 요즘은 감정과 관련된 뇌의 특정 부분만을 조절해준다고 하지요. 대단히 미세해진 겁니다. 인간이 창조주가 되어 여러 물질을 합성해 신소재, 줄기세포 등을 만들고 있는데 이전 기독교적 관점에서 본다면 대단히 악마적인 일들이 벌어지고 있는 셈이죠. 이것들은 신의 영역을 침범하는 것들이기 때문입니다. 물질은 신만이 만들 수 있었던 것이었죠. 이처럼 뇌 과학도 세계관을 무한대로 확산시키고 있습니다. 아마도 미래의 생태개념은 새로운 생명체에 대한 부분으로까지 확대되지 않을까 예상됩니다.

커뮤니케이션 혁명의 효과

해럴드 이니스(H. Innis, 1894-1952)는 인류의 역사를 '테크놀로지 결정론'으로 설명한 바 있습니다. 그는 인류의 역사가 사람들이 어떻게 소통을 했느냐, 어떻게 자연과 커뮤니케이션했느냐 하는, '커뮤니케이션 기술'이라는 독립변수를 중심으로 변화해왔다고 봤습니다. 즉, 소통하는 매체가 무엇이냐에 따라 사회가 달라진다고 본 것입니다. 이전에는 말이 핵심이 되는 시대였습니다. 하지만 문자가 나오면서 문자가 중심이 되었고, 이제는 IT시대라고들 하죠. 이러한 매체의 변화와 발달은 생산에 영향을 주었고, 사회를 변혁시키는 원동력이 되었습니다. 하지만 매체의 변화 속도에 우리는 따라가지 못하고 있습니다. 매체는 엄청난 속도로 변화하고 있지만 우리의 사고방식(의식)과 기준(또는 틀, 범위)은 기존의 것을 넘어서지 못하고 있다는 것입니다.

기술이 발달하면서 가상세계와 현실세계는 혼재하게 됩니다. 장자(莊子, BC 369~289)의 그 유명한 '호접몽'처럼 '내가 나비 꿈을 꾸고 있는지, 나비가 내 꿈을 꾸고 있는지' 분간이 안 갈만큼의 일들이 현실에서 일어나고 있는 것이죠. 가상과 실재가 모호해지는 이 같은 현실을 '하이퍼 리얼리티(hyper reality)'라고도 합니다. 우리의 눈에는 보이지 않는 것들이지만 기계를 통해 보여주고 들려주죠. 인간의 감각기관 영역을 넘어서고 세계의 시공간을 무너뜨리며 태어나지도 않은 태아의 모습을 미리 보여주고 그 맥박 소리도 들려줍니다. 하지만 우리가 여기에 대해 아는 것은 많지 않죠. 사회변화의 속도와 우리가 사고하는 방식의 속도 차이가 점점 커지고 있는 게 현실입니다.

예전, 생명과 죽음은 신만이 결정하는 것이었습니다. 지금도 우리나라 법에서 자살은 범죄로 취급됩니다. 자살하는 사람 뿐 아니라 그 옆에 있었던 사람도 자살을 막지 않으면 자살방조죄로 처벌받게 되죠. 무엇을 의미하는 걸까요? 한 사람의 생명이 단순히 그 사람 개인의 것이 아니라 사회구성원, 즉 '공동체'의 것이라는 얘기입니다. 하지만 지금은 자살을 범죄로 생각하지 않는 분위기입니다. 자살사이트가 있고, 안락사가 시행됩니다. 생명과 죽음에 대한 자기 결정권이 인정되는 시대로 변해가고 있는 거죠. 생명과 죽음이 신의 영역을 떠난 겁니다.

생물학적으로도 인간은 성(性)이 다른 이성에게 성적 매력을 느끼는 것이 당연하게 여겨집니다. 하지만 동성애는 이성이 아닌 동성에게 성적 매력을 느끼는 것이지요. 그런데 이 동성애자들의 동성혼을 인정한다는 것은, 그저 이들의 사랑을 인정해준다는 것을 넘어 합법적으로 인정해준다는 걸 의미합니다. 이런 현상이 생태주의에서는 어떤 의미를 갖는 것인지 생각해볼 필요가 있지요. 한쪽에서는 동성끼리의 사랑을 넘어 결혼까지 합법적으로 인정해주고 있는데, 한쪽에선 '문화적 생태 여성주의', '사회적 여성 생태주의' 같은 말을 쓰고 있다면 어떤가요? 이것이 어떤 함의를 갖는지 생각해봐야 한다는 건데 여성성을 단순히 섹슈얼리티(sexuality–생물학적 성의 의미가 강함)의 개념으로 보지 않고 젠더(gender–사회적으로 만들어진, 사회화된 성)의 개념이 새롭게 변질되면서 종래의 가치관에 상당한 혼란이 수반되고 있다고 볼 수 있어요. 이전에는 여성성을 바탕으로 젠더라는 개념이 나왔지만 요즘은 그것 없이도 젠더라는 말이 나오고 있지 않습니까? 같은 흐름에서 '일부일처제'도 동요되고 있습니다. 이것 또한 가장 근원적인 것의 변화를 의미하고 있습니다.

한편으로, 시간과 공간에 대한 새로운 정복과 통제가 본격적으로 이루어지고 있습니다. 과거와 미래가 현재로써 통제되고 있지요. 과거에는 달력이 없었습니다. 하지만 지금은 몇 년까지 할부금을 내야

한다는 둥 미래의 공간과 시간이 현재 삶에 당겨져 와서, 먼 미래까지를 바라보며 시간계획과 관리가 이미 짜여지는 세상이 되었습니다.

새로운 범아일체론(梵我一體論)

그래서 우주와 내가 하나 되는, 새로운 '범아일체론'이 나와야 한다고 생각합니다. 우리가 얼마나 좁았는가, 우리가 얼마나 지구 중심적이고 태양계 중심적이며, 몰우주적이었나를 생각해봐야 하죠. 그러면 선악 개념도 달라질 것입니다. 우리가 말하는 선과 악이란 게 도대체 무엇일까요?

이전에는 부모가 주신 머리카락인데 어찌 자르냐며 차라리 목숨을 끊겠다던 사람들이 대부분이었습니다만 지금은 장기 이식도 범사가 되었죠. 또 어떤 사람들은 몇 년이라도 더 살기 위해 생명연장에 대한 온갖 신기술을 활용하려 합니다만 어떤 이들은 옛날의 고려장이 더 인간에게 자연스러운 것이라고 주장하기도 해요. 무엇이 선이고 악일까요? 전통적인 의미에서의 도덕이나 선악개념이 헷갈리고 있죠. 그래서 우리의 욕구를 변화시켜야 되는 것 아닌지, 아니 아예 욕구를 없애야 하는 건 아닌지, 이렇게 하는 이유가 도대체 무엇인지도 생각해봐야 합니다. 그리고 이러한 근본적인 질문 모두를 생태주의의 계기로 봐야 하지요. 현재 논의되고 있는 생태주의 정도라도 만족시키려면 현존하는 사회적 모순이 모두 극복된 후쯤 되어야만 가능할 것입니다. 그전까지 파괴되고 있는 생태 때문에 가장 큰 피해를 보는 것은 가장 하층계급에 있는 사람들일 겁니다. 그들이 가장 오염된 곳에 살고, 가장 오염된 음식들을 먹게 되겠죠.

'수신제가치국평천하(修身齊家治國平天下)' . 이 순서대로 가려고 하면 갈 길이 멉니다. 여기서 평천하는 지구입니다. 이것을 넘어서는 것이 우주이고 범아일체, 즉, 우주와 내가 하나 되는 것입니다. 그러면 무엇부터 시작해야 할까요? 당장 실천 가능한 부분부터 시작하면 될 것입니다. 우리는 자본주의 사회에 살고 있습니다. 전 세계가 자본주의의 논리에 의해 돌아가고 있습니다. 자본주의는 욕망의 사회이지요. 욕망을 줄이면 조그만 것에서도 만족을 느끼게 됩니다. 따라서 우리가 궁극적으로 얻고자하는 것이 무엇인가를 다시 생각해봐야 할 필요가 있습니다.

생태주의는 정치, 사회, 철학 등 모든 종류의 학문과 이상 추구의 마지막 버전이라고 볼 수 있습니다. 처음 생태주의가 나왔을 때만 해도 '부르주아적 사상' 이라는 비판을 받았었습니다. 하지만 생태주의의 궁극적인 목표가 무엇인지 생각해봐야 합니다. 구성원들이 초월적인 행복을 느끼게 하는 것인지. 종교가 없어졌으니 그것을 '생태' 라는 이름으로 대신하자는 것인지, 생태를 복원하는 것이 어떠한 가치를 가지는 것인지, 생태를 복원하는 것이 모든 문제를 해결해줄 수 있는지, 생태의 복원으로 궁극적으로 하고자 하는 것이 무엇인지, 무엇이 행복인지, 자유인지... 이러한 궁극적인 질문들을 던져봐야 하죠. 궁극적 물음이 없는 이념과 사상은 언제나 탁상공론에 불과하기 때문입니다.

질의응답

Q. '관계적 합리성, 이성'라는 말이 정확히 어떤 뜻인가요?

여기서 '관계'라는 말에는 '수평적'이라는 뉘앙스가 스며있습니다. 그냥 '관계적'이라는 말로는 온전하지 못하죠. 평등한 관계, 수평적 관계, 대등한 관계라는 의미가 스며있어야 해요. 폭력적 관계, 지배적 관계, 착취적 관계도 '관계'라는 말을 쓰잖아요? 이렇게 되면 '관계적 합리성'이라는 개념이 굉장히 애매모호하게 쓰일 수 있어요.

Q. '관계적 합리성'이라는 말이 그 자체로는 상당히 모호할 수 있다는 말씀이신데 지금까지 이해하고 있었던 '관계적 합리성'에 대한 스펙트럼이 넓어진 것 같습니다.

그렇습니다. 모든 관계에는 '관계적 합리성'이 있습니다. 폭력관계에도 합리성이 있어요. 도구 합리적이라거나 목적 합리적 관계, 혹은 가치 합리적 관계 등으로 선명하게 말해줄 필요가 있습니다. 공자가 강조한 '정명(正命)'이란 말처럼, 정확하고 명료한 말을 쓰는 것이 중요하겠죠.

Q. 생태 사회주의에 나오는 관계적 합리성에 대해 정확하게 재조명해야 할 필요가 있겠다는 생각이 듭니다.

맞습니다. 다들 쉽게 '공산주의'라는 말을 쓰지만 이마저도 마르크스가 쓰는 공산주의의 개념과 에밀 뒤르켐이 쓰는 공산주의의 개념이 다르죠.

Q. 그런데 이러한 '관계적 합리성'에 대해 왜 다시금 묻게 되었냐면, 관계적 합리성이라는 말은 생태주의적인 핵심을 '언어화'하기에 참으로 적절한 말이라 생각되기 때문입니다.

그렇기도 하지만 불충분합니다. 정확하게 꼬집어낸 것이 아니에요. 모든 관계는 그 나름으로, '000 관계' 라고 명명되지만 그 안의 구체적인 관계를 표현하기에는 불충분합니다. 부부관계에서도 착취 관계가 있고 친구 관계에서도 불평등한 관계가 있을 수 있습니다. 하지만 어떤 두 사람이 '노예관계다' 라고 하면 명확해지죠.

社會思想

저는 개인적으로, '몸'과 '맘(마음
이란 글자가 같은 글자에서 나오지 않
을까 생각해보곤 합니다. 보통의 경우
과 마음은 같이 가지요. 마음이 가면 몸
따라가게 되어 있습니다. 실과 바늘처
말이죠. 그러나 우리는 흔히 몸이 먼저
고 마음이 따라간다고 생각하곤 합니다.

10/ 현대 한국인의 생활원리

10

현대 한국인의 생활원리

혼종의 현대 한국사회:
카오스의 몇 가지 징후들

한국은 현재 정상적인 사회가 아닙니다. 말하자면 '아노미 사회' 입니다. 이것이 우리 사회를 바라보는 기본적인 전제이자 문제의식이어야 합니다. 아노미(anomie)는 에밀 뒤르켐이 주장한 개념인데, 한마디로 '무규범 상태'를 말합니다. 규범 자체가 아예 없다는 것이 아니라 하나의 통일된 규범, 위계질서가 잡혀있는 '지배적 가치'가 부재하다는 것입니다. 백가쟁명(百家爭鳴)식으로 서로의 가치가 충돌하고 모순되는 상황을 말합니다. 헷갈릴 수밖에 없죠.

우리나라가 이러한 '아노미 사회'가 된 데는 여러 이유가 있습니다. 뒤르켐은 경제성장이 빠른 속도로 이루어질수록 전통적 가치와 많이 충돌된다고 했는데, 이는 마르크스주의의 관점과도 상당히 비슷합니다. 경제가 성장하면 거기에 맞는 새로운 생각들이 터져 나오게 마련입니다. 정상적인 일이죠. 경제성장이 이루어지면 신분질서가 무너지고 기존의 기득권 세력의 주장은 흔들리게 됩니다. 그러니 우리나라도 산업화가 진행되면서 '사농공상'(士農工商)의 순서가 '상공

농사(商工農士)' 의 순서로 바뀌게 되었지요. 관점 자체가 바뀌게 된 겁니다. 어느 사회나 나름의 규범이 없는 나라는 없지만 문제는 안정된 규범체계가 부재하다는 것이지요. 한마디로 질서가 잡히지 않고 있다는 것입니다.

종교계도 마찬가지입니다. 한국에서의 교회 성장을 보세요. 세계 10대 개신교 교회 중 3개가 한국에 있습니다. 이렇게 교회가 급속도로 성장한 나라는 세계 어디에도 없습니다. 교회가 커지면서 각종 부정부패, 비리, 목사의 부도덕한 사건들도 많이 일어나고 있습니다. 최근 이름만 대면 알만큼 큰 교회의 어느 목사도 횡령으로 처벌받았다는 뉴스가 나왔죠. 불교도 마찬가지입니다. 불교의 조계종 안에도 여러 개의 파가 서로 갈등하며 나뉘어져 있어요. 작은 나라, 작은 집단은 직접 커뮤니케이션이 그나마 가능하니 소외가 적습니다만 교회를 포함해 그 어떤 종교나 단체, 조직도 덩치가 커지면 반드시 부패하게 마련입니다. 덩치가 커지고 사람이 몰리면, 들어오는 돈의 규모도 커지게 되죠. 당연히 행정적, 사무적인 일도 많이 다루게 됩니다. 스님들의 생각도 다양해져요. '전통적으로 수양만 하겠다' 는 사람이 있는 반면, '아니다, 현실적 참여를 해야 한다' 는 사람도 나타나게 됩니다. 현 체제를 부정하는 사람이 있는가 하면 인정하자는 사람도 있죠. 돈의 논리, 자본주의가 종교계까지 침투하고 있습니다. 작은 교회, 작은 절을 주장하지만, 스스로 점점 커지고 있는 게 현실입니다. 옛말에 '중이 고기 맛을 알면 빈대가 남아 나지 않는다' 는 말이 있습니다. 세속의 경제와 같은 것들이 종교에도 나타나면서 정신적 가치가 무너지고 있는 것입니다.

고위 공직자들의 행태는 더하죠. 요즘 고위 공직자치고 법을 어기지 않은 사람이 없습니다. 위장전입을 하지 않은 사람이 없고요. 거꾸로 이야기하면, 작금의 한국사회에서 한 자리라도 하려면 법을 어기는 게 통과의례처럼 되어버린 형국이 되었다는 것입니다. 그런데 여기에 부끄러움도 없습니다. 국회의원들이 청문회에서 한 고위 공직자 후보를 추궁하자, '이 정도 안 한 사람이 어디 있느냐' 며 오히려 반문을 할 정도죠. 그들에게 법은 허깨비입니다.

교육의 영역도 그렇습니다. 당연한 말이지만 교육이 붕괴되면 미래가 없습니다. 하지만 요즘 부모들은 아이들을 키우면서 많은 어려움을 겪고 있습니다. 우선 교육비 때문에 몸살을 앓습니다. 이 때문에 기러기 아빠라는 것도 생겼죠. 아이들도 스트레스를 감당하지 못합니다. 황폐해지고 있죠. 이런 아이들 중 일부는 커서 자신의 부모를 때리고 학대하는 수준까지 나아갑니다. 공부 때문에 자살하는 아이들도 갈수록 늘고 있어요. 예전에는 상상도 할 수 없었던 일들입니다. 다들 오래 살자, 생명연장, 수명 백년 시대 등등의 말을 하면서도 학생들, 아이들이 이렇게 죽어나가는 것에 대해서는 무감각합니다. 교육의 스트레스로 인해 부모 자식 간 갈등도 말할 수 없이 커지고 있어요. 이러니 가정해체도 나옵니다. 함께 밥 먹을 식구가 없습니다. 각자 흩어져 있습니다.

서울 강남에 있는 학교 아이들의 영어 구사 수준이 높다고 하더군요. 그것을 본 강남 이외의 지역에 사는 부모들은 스트레스를 받아서 아이들을 더 몰아치게 된다고 합니다. 요즘 부모들은 자신의 아이들이 그 정도의 능력을 가지지 않으면, 혹은 그 정도의 능력을 갖기 위해 '남들이 다하는' 것들을 하지 않으면 불안해합니다. 아이가 학업 성적이 좋아도, 모범생이어도, 끊임없이 불안해하는 거죠. 최근 슬픈 이야기를 하나 들었습니다. 학교 성적도 좋고 모범생인 한 아이가 있는데 자기 핸드폰에 글쎄 엄마 번호를 뭐라고 저장해뒀는지 아세요? '미친년' 이라는 이름으로 1번에 저장해뒀다고 합니다. 엄마를 미친년이라는 이름으로 저장해뒀다는 말이에요. 그야말로 절망적인 현실입니다. 교육에 있어 혁명적인 변화가 일어나지 않으면 위험할 정도까지 왔다고 봅니다.

자본의 논리야 말할 가치도 없죠. 자본의 논리는 우리나라 뿐 아니라 전 세계를 지배하고 있습니다. 죽는 사람도 상품이 되는 시대에요. 장례식이 의식이 아니라 상품이 되어버렸죠. 납골당도 마찬가지고요. 어느 자리는 전망이 좋으니 얼마 이상이라며 흥정이 오가기도 합니다. 보통의 자식들이라면 당연히 부모의 마지막 가는 길을 후회 없이 보내드리려 하니 무리해서라도 선택을 하게 되죠. 하지만 지나치게 비쌉니다. 효도도 상품이 된 세상이 되었죠.

한국인의 전통적 성격

저는 평소 한국인의 전통적 성격을 다음 8가지 정도로 정의해봅니다. 1960년대 전까지는 우리나라 인구의 70%가 1차 산업에 종사했습니다. 자연이 무섭다는 걸 알았고 사람을 극진하게 대할 줄 알았던 시절이었죠. 하지만 산업화가 되면서 사람은 기계의 부품으로 전락하고 그 자체로 목적이 되기보다는 관리의 대상이나 도구로 전락하게 됐습니다. 그래서 여기 8가지의 정의는 1960년대 이전 한국인의 전통적 성격을 다양한 서적들에서 참고하면서 이후 내용들까지 살펴보자는 의미로 수정, 추가해서 만들어본 것입니다. 2장에서도 조금 얘기한 바가 있지만요.

첫째, 한국인은 인간 본위의 대동적 세계관을 가지고 있습니다.
둘째는, 소유보다 존재 우위의 사고방식으로 세상을 바라본다는 것이죠.
셋째는, 절대적 결정론보다 여백과 형성의 상대주의적 관점을 추구한다는 겁니다.
넷째는, 주기적 시간구조와 낙천적 순응양식, 그리고 끈질긴 운명애를 들 수 있습니다.
다섯째는, 간접적이며 비언어적 표현의 선호, 이른바 변죽을 울리는 방법으로 소통하는 데 익숙하다는 것이고요.
여섯째는, 뛰어난 감성적, 예술적 생활감각을 들 수 있습니다.
일곱째는, 가족주의와 강한 내집단 의식입니다.
마지막 여덟째는, 현재적 삶을 강조하는 특징을 갖는다는 것이죠.

현대 한국사회를 규정하는 지정학적-역사적 조건

우리나라는 역사적으로 보면 일제강점기 시대 이후 성격이 굉장히 많이 바뀌었습니다. 마치 순수하기 그지없던 아이를 어른이 되어 만나니 확 바뀌어있는 것 같은 느낌이지요. 한국사회를 이해하고 규정하기 위한 몇 가지 조건들과 더불어 특징을 한 번 살펴보겠습니다.

1. 지정학적 위치의 독특성과 역사상 잦은 외침

한국은 이른바 '감춰진 나라' 였습니다. 근대 서양과 접촉이 가장 더딘 나라 중 하나였죠. 근대 서양의 문물(서구화)이 가장 마지막으로 들어온 나라가 극동에 위치한, 우리나라입니다. 그것도 일본의 강점을 통해서 들어왔죠. 그러니 세상 물정을 잘 몰랐습니다.

또 외침(外侵)에 끊임없이 노출돼 있었지만 중앙정부는 백성들을 유기하는 일이 다반사였습니다. 외침을 당할 때마다 국가가 민중들을 버렸다는 거죠. 임진왜란 때 선조가 그랬고, 한국전쟁 때 이승만 정부도 마찬가지였습니다. 제일 먼저 도망가죠. 백성이 국가로부터 보호받지 못한 겁니다. 이런 역사적 경험은 자신의 가족이나 친척밖에 없다는 '폐쇄적 가족주의' 가 강력하게 작동하는 원인이 되죠. 하지만 우리민족은 참 밝은 민족이기도 합니다. 천 번에 가까운 외침을 받았는데도 불구하고 이렇게 밝을 수가 없어요. 묘한 일이죠.

2. 자연적 생태 조건과 문화 민족적 자질

우리나라 기후를 '삼한사온(三寒四溫)' 이라고 말하기도 합니다. 삼한사온의 온대지방에 사는 사람들은 뚜렷한 사계절이 제공해주는 감각적 환경과 정신적으로도 좋은 영향을 받게 되어 예술적 감각이 뛰어나다고 알려져 있죠. 이른바 '온대적 창의성' 이라는 것으로 우리 민족의 예술 감각이 뛰어나다는 것은 여러 곳에서 강조된 바 있습니다. 초기 사회학자들 중에는 기후가 사회적 성격에 영향을 미친다는 자연결정론을 주장한 사람들도 많았는데 그런 측면에서 우리나라는 '금수강산(錦繡江山)' 으로 다른 나라에도 소문이 날만큼 빼어난 자연경관을 가지고 있으며 자연스레 이는 우리의 감성에도 많은 자극을 주었을 겁니다.

또한 산이 많죠. 국토의 70%가 산일 정도로 우리 주변엔 언제나 산이 있습니다. 산이 일상에 들어와 있고 사람과 가까운 곳에 있어요. 산에 사람이 사니, 신선(神仙)입니다. 산이 있는 곳은 반드시 '신(神)'과 연결되게 마련인데 그래서 산이 많은 그리스에서도 신화가 많은 것이죠. 우리나라에도 산이 많아 전통적으로 신선과 연결된, 수많은 설화들이 있고 나름의 신성성이 일상화되어있죠.

3. 1910년의 한일강점과 일제 36년의 유산

우리나라는 1910년 한일병합으로 일본에게 나라를 빼앗겼습니다. 일제 강점이 시작된 거죠. 그런데 흔히 우리는 이 시대의 물질적 피해만 이야기하는데, 더 중요한 것은 전통문화가 조직적으로 파괴되었다는 것입니다. 일제는 조직적으로 우리나라 문화를 폄훼하고 파괴했습니다. 여기에 개화파들이 동조해 우리 것은 촌스러운 것이며 서양 문물이나 일본의 근대화된 문화만이 훨씬 뛰어난 것처럼 주장했죠.

일본은 한국문화에 대한 콤플렉스가 있습니다. 일본의 상층부 문화는 한국에서 넘어왔다고 생각하죠. 일본 '엔카(演歌)'의 원조도 우리나라의 전통 '뽕짝' 음악입니다. 하지만 우리나라는 반대로 생각하고 있죠. 일본에 대한 피해의식이 있어서 이 '뽕짝'을 일본에서 전수받은 저급문화라고 생각하고 있는 것입니다. 우리는 뒤죽박죽이 되어 거꾸로 설명하는 것이 많습니다. 일본의 메이지유신에 대한 콤플렉스는 아직까지 우리 지식인들의 머릿속에서 떠나지 않고 있을 정도예요.

영국이 왕이 있다고 해서 비민주적인 국가라고 할 수 있나요? 아니죠. 왕이 있어도 민주주의국가라고 거침없이 이야기합니다. 그럼, 우리나라는 왕이 없으니 완전한 민주주의 국가인가요? 아니잖아요. 일본도 천황이 있습니다. 우리는 일본의 천황이 아무것도 아니라고 생각할 수 있지만 실제 일본 국민들에게는 여전히 상당한 영향력을 가지고 있습니다. 우리나라의 전통적 사고 역시 모든 것이 왕을 중심으로 돌아갔고 왕이 하나의 상징적인 구심점이 되었었죠. 하지만 일본이 침략하면서 '조선이 망한 것은 왕조가 부실해서'라는 식으로 설명하며 왕권을 무너뜨렸습니다. 또한 양반이 썩을 대로 썩어 이들 때문에 나라가 망했다는 식의 얘기를 계속 주입했죠. 결국 전통적인 것이라면 모두 폐기해야한다는 정도까지 우리 것에 대한 부정적인 시각이 만들어집니다. 이런 작업이 36년 동안 줄기차게 이뤄져온 것이죠.

4. 광복 이후의 미진한 일제 잔재 청산과 남북분단의 영향

우리나라는 광복 이후 친일파를 비롯한 일제 잔재 청산에 완전히 실패했습니다. 딱 단절하지 못하고 혼란한 정세와 함께 슬쩍 넘어와 버린 거예요. 광복 후에도 대국에 의해 두 개로 나누어지게 되었죠. 북쪽은 소련이, 남쪽은 미국이 장악했습니다. 그래서 남쪽의 경우엔 미국의 저급문화에 그대로 노출됐죠. 당연한 말이지만 서양 문물의 시작은 1776년에 독립한 미국이 아닙니다. 일본은 서구 문물을 받아들일 때 영국과 프랑스 등 다양하게 영향을 받았지만, 우리는 모두 미국에만 의존했죠. 미국에 가서 공부하고 와야 지식인 대접을 받고, 미국이라고 하면 모든 새로운 문물의 상징처럼 받아들인 거예요. 나름의 뿌리를 가진 전통적 지식인들은 설 자리를 잃고 새로운 변화에 빨리 적응하며 출세에 대한 욕심이 많은 이들이 후다닥 미국에 가서 공부하고 돌아와 사회의 모든 영역을 장악하고 제도와 정책도 베껴 만드는 식의 일이 막 벌어진 거죠. 현실 교육도 모두 미국식이고, 음식문화도 미국식입니다. 이 뿌리 없는 미국의 대중문화가 들어와 서양문화의 전부인 것처럼 받아들여지니 실제로는 서양 문화의 반의반도 모른 채 오직 미국 문화만 알고 지내는 겁니다. 큰 오점이죠.

6.25도 우리에게 많은 영향을 주었습니다. 이 전쟁으로 '믿을 것은 우리 가족밖에 없다'는 연고주의가 더욱 공고해졌습니다. 한국전쟁 때 국가가 민중을 위해 한 것이 있습니까? 차라리 다른 나라들이 도와주었지, 우리 국가는 끝까지 민중을 방기했지요. 이처럼 우리나라의 민생 차원의 연고주의는 살기 위한, 살아남기 위한 자구책이었습니다. 큰일이 있을 때마다 국가가 국민을 위해 공식적으로 해준 것이 거의 없고 이런 경험이 자꾸만 반복되지만 그럼에도 우리나라는 언제나 다른 나라 이상의, 정도 이상의 애국심을 늘 국민들에게 요구하고 있죠. 아이러니한 일입니다.

5. 1962년부터 시작된 국가주도 경제개발의 명암

우리나라에 혁명적인 영향을 준 것 중 하나는 1962년 본격 시작된 산업화입니다. 급속한 산업화가 가져온 중요한 흔적들이 많겠지만 무엇보다 이로 인해 사람들의 성격이 급속도로 변했다는 점을 주목할 만합니다. 영국에서 300년이란 시간에 걸쳐 진행되었던 것이 우리나라에서는 30년 만에 진행됐습니다. 모든 게 완전히 뒤집어지는 거죠. 이로 인해 생산성과 효율성만이 지상 가치가 되고 결과주의와 업적주의만을 추구하게 됐습니다. 사회 모든 부문이 산업화와 자본의 논리에 편입되고 교육마저 생산성과 효율성에 종속되는가 하면 전통적 제도 및 가치도 충분한 성찰 없이 급속도로 파기돼버렸습니다. 그러는 동안 절차와 과정보다는 결과만 좋으면 다 괜찮다는 인식이 일상화됐죠. 또한 비동시적인 것과 동시적인 것이 공존하게 됐습니다. 압축 성장에 의해 과거와 현재, 미래가 동시적으로 공존하며 전통적 관행, 현실의 논리, 첨단 기술문화의 혼재 등으로 다양한 기준과 규범체계가 함께 존재하고 있는 상황입니다. 앞서 말했듯 아노미 상태가 된 거죠.

현대 한국인의 생활원리

1. 금전만능주의와 상품화된 일상

'금전만능주의'가 우리나라처럼 심한 곳이 없습니다. 이전에는 '사람 나고 돈 났지, 돈 나고 사람 났나'라는 말이 있었지만 요즘은 '돈 나고 사람 났다'로 바뀐 지 오래입니다. '유전무죄, 무전유죄'란 말도 있죠. 법이 없어서가 아니라 법이 있어도 집행되지 않는 사회 영역이 생겨났습니다. 이때까지 우리나라의 재벌들이 제대로 처벌받은 적 있습니까? 이렇게 상품화의 원리가 모든 영역에서 관철되고 있는 사회가 없습니다. 모든 것이 상품화되고 상품 속에 태어나고 죽는, 이른바 '상품 속에 파묻힌 일상'을 살고 있어요. 이러한 현상을 밖에서 보면 '역동적인 사회'라며 놀라기도 하겠죠. 의료, 보건, 교육 등 모든 것이 돈의 영향 아래 자유롭지 못합니다. 출생부터 죽음까지 생애주기의 모든 것이 돈의 절대적인 영향력 아래 놓인 세상, 생명과 직결되는 의료조차 돈의 영향을 받는 세상이 된 것이죠.

2. 성역 부재의 극단적 평등주의

성역이 없어진 이유는 우선 일제강점 시대 전통적 신분질서가 외부의 힘에 의해 무차별적으로 붕괴됐기 때문입니다. 게다가 한국전쟁 이후 계층 간의 구분도 더욱 없어지죠. 산업화 이후에는 정치권력과 졸부들이 부상하면서 사회적 불평등에 대한 정당성 문제가 대두됩니다. 현재 우리나라에서는 어떤 사람이 잘 되거나 높은 자리에 앉았을 경우, 실제 실력이나 참된 노력 때문에 그렇게 됐다기보다는 어쩌다 보니 운이 좋거나 아는 사람 잘 만나서인 경우라고 생각하는 경향이 강합니다. 대부분의 사람들은 현재의 희소가치의 분배가 정당하게 이루어지고 있다고 생각하지 않죠. 대체로 불법과 도둑질, 은밀한 그들만의 거래 등을 통해 이루어진 것이라고 봅니다. 그러니 출세한 범죄자를 보고도 마음속으로는 은근히 부러워하는 감정까지 느끼게 되고 알게 모르게 공범의식같은 걸 갖게 되기도 하는 지경이죠.

3. 결과우선주의

우리나라는 산업화가 급격하게 진행되었고, 급성장했습니다. 이러한 기적의 대가는 '결과 우선주의'로 나왔습니다. 상명하복의 군대식이죠. 대기업의 모든 사원 교육도 이런 방식입니다. 조 나눠서 과제를 주고, 짧은 시간 안에 어떤 식으로든 만들어 오라고 합니다. '모로 가도 서울만 가면 된다'는 속담이 적나라하게 통하고 있는 거죠. 우리나라는 모든 것이 결과만 잘 되면 됩니다. 거기에는 절차적 정당성이나 과정의 민주주의란 게 없습니다. 사회운동이나 노동운동조차 마찬가지입니다. 민주주의는 절차적 정당성이 바탕이 되어야 합니다. 이러한 민주주의, 절차의 정당성들이 중요하게 부각된 것은 김영삼 정부 때부터인데, 생각보다 결과가 빨리 나오지 않으니 사람들이 답답해했습니다. 지식인들도 이것을 같이 비판했었죠. 빨리 되는 것이 오히려 기형적인 일인데도 그랬습니다.

4. 속전속결주의

'속전속결주의'. 여기서 벗어나야 우리나라가 행복으로 갑니다. 우리에겐 '은근과 끈기'라는 전통적 의식이 소멸된 지 오래죠. 사회 각 분야에서 시간과의 싸움이 진행되고 있습니다. 여행가면 관광조차도 빨리 빨리하고, 하물며 느리게 살자는 '슬로우 운동' 조차 빨리 빨리 하려고 하니 말도 안 되는 일이 여기저기서 벌어지고 있죠. 이것이 문제입니다. 여기에 인터넷도 한몫을 합니다. 우리는 인터넷을 의도적으로 선택해 성장시켰는데, 그 부작용이 만만치 않습니다. 빠른 성장을 했지만 그 과정에서 많은 문제가 발생한 것입니다. 인터넷과 스마트폰을 비롯한 새로운 통신기기 등의 일상화는 한국인들을 더욱 속도의 노예로 만들고 있습니다. 그러나 모든 것에 공짜가 없다는 말은 여기에도 통용됩니다. 경제성장은 빨리 되었지만 빨리 되지 않는 것들이 많이 생겼죠. 지금 그 대가를 치를 준비를 해야 하게 생겼습니다. 여유와 기다림이 상실된 신경증적 사회를 어떻게 다시 정상화시킬 것인가에 대한 고민이 필요한 시점입니다.

5. 현장주의-현세주의

'쇠뿔도 단 김에 뽑는다'는 말이 있습니다. 우리나라 사람들의 현장주의를 가장 잘 나타낸 속담입니다. '나중 보자는 양반 무섭지 않다'는 말도 있죠. 지금 당장이 중요하지, 나중에 보자는 것은 아무 소용없다는 의미입니다. 우리나라 사람은 다른 나라에 갈 때 달러를 가장 많이 들고 다닌다고 합니다. 현금박치기란 말처럼 현금을 참 좋아하죠. 지금도 현금을 주면 물건 값도 더 싸게 해주고 좋아합니다. 대신 신용은 없는 사회죠. 약속은 잘 지켜지지 않는 사회입니다. 하루아침에 세상이 달라질 만큼 격변했던 한국의 현대사 때문인지는 몰라도 언제나 미래는 불확실한 것이고 정책도 믿을 수 없는 것이니 내일 어떻게 될지 모른다는 생각이 기본적으로 깔려있습니다. 물건도 지금 나오는 물건이 제일 좋습니다. 요즘은 물건도 참 빨리빨리 바뀝니다. 새로운 것이 계속 나와요. 이러니 지속된 A/S가 이루어질 수 없죠.

6. 몰개성적 합일주의

우리나라 젊은이들이 개성적이라고 생각하나요? 저는 개인적으로 그렇지 않다고 봅니다. 한국의 젊은이들은 지나치게 타자 지향적이죠. 친구 따라 강남 간다는 데 먼저 가는 친구는 없고 다 따라가려고만 하는 거예요. 참된 개성은 남(유행)을 따라가지 않아야 합니다. 데이비드 리스만(David Riesman, 1909~2002)이 「고독한 군중」이라는 책에서 인간유형을 전통지향적, 내부지향적, 타자지향적 등 3가지로 구분한 바 있어요. 먼저 '전통지향적' 인간 유형은 행동의 근거를 전통적 사고방식에 두고 행동하는 사람들입니다. 그것을 넘어선 인간유형이 인구혁명에서부터 1950년대 이전까지 나타난 '내부지향적' 사람들이죠. 내부지향적 인간은 자신의 생각을 근거로, 자신의 운명을 스스로 개척합니다. 마지막이 '타자지향적' 인간유형으로 1950년대 미국에서 나타난 것입니다. 이들은 매스미디어의 발달과 더불어, 매스미디어가 말해주는 대로, 매스미디어를 기준으로 행동하는 이들을 말합니다.

우리나라는 전통지향에서 내부지향을 거치지 않고 바로 타자지향으로 가는 것 같습니다. 자기 생각대로, 취향대로 가지 않고 남 눈치 보고, 남이 하는 대로 따라갑니다. 우리는 정신적으로 홀로서기를 한 경험이 없습니다. 요즘은 부모들이 다 해주니, 부모 의존적이며, 타인 의존적이죠. 독립(in-dependent)이 아니라, 의존(dependent)합니다. 경상도 식으로 '좋은 게 좋다, 마 그냥 같이 다 가자'는 식인 거죠. 이것이 현재 우리가 가지고 있는 모습입니다.

현대 한국 사회의 개성주의는 서양의 개인주의와 무관한 이기주의와 자기집단주의의 혼성이라고 보면 될 것 같습니다.

내일에의 전망

부모가 자식을 내버려 둬야 합니다. 옛날엔 자식을 제대로 키우려면 많이 때려서(매) 키워야 한다고 했죠. 하지만 요즘은 그렇지 않아요. 자식을 제대로 키우려면 여행도 많이 다니게 해야 합니다. 여행을 하면서 고생해봐야 한다는 겁니다. 하지만 요즘은 여행도 편하게만 합니다. 제대로 된 효가 가능하려면 부모가 힘들어하고 어려워하는 것을 보고 자라야 합니다. 부모가 고생하는 것을 보고 자라야 효(孝)가 가능하다는 것입니다. 요즘 아이들은 정도가 심각할 정도로 부모 의존적이고, 뭘 해도 부모 탓을 합니다. 그래서 부모들이 고생하는 것을 보고 자라야 한다는 거예요. 부모가 힘든 것을 보고 자란 아이들이 전문직으로 성장하는 경우가 많다고 합니다. 이것을 보고 자란 아이들은 자기도 힘이 되고 싶어 하고 효도하죠. 부모의 빚도 갚아주겠다고 합니다만 그렇지 않고 곱게만 큰 아이들은 밖에서 빚을 들고 오죠.

1. 현대 한국사회 모순의 심화와 그에 대한 대항문화의 태동

한국사회에서 각종 병리적 현상의 표출은 심각합니다. 범죄는 말할 것 없고, 교실붕괴, 세대갈등, 정신질환의 폭증, 자살 등등. 이런 모순의 심화와 함께 탈이념적 생활정치나 기성주류문화에 대한 저항 등 일종의 반문화들이 태동하고 있기도 합니다.

저는 개인적으로 한국사회가 더 갈 때까지 가야한다고 생각합니다. 아이들이 얼마나 죽어야 제대로 갈 것인가? 하는 문제입니다. 교육의 모순도 심화되어 갈 때까지 가봐야 합니다. 안 그러면 바뀌지 않을 것 같습니다. 상류층이 고통을 받아야 하는데 부익부 빈익빈이 심화되어 현실적으로는 불가능할 것 같아요. 그들은 겪지 않으니 모르는 일일 겁니다. 갈 때까지 가다 더 이상은 안 되겠다는 결단이 나와야 멈출 것입니다. 모순이 심화되어야 해결도 가능한 법이죠.

정치도 탈정치화가 될 것입니다. 민주진영의 이념도 현재 위기입니다. 논리가 엉망진창이고, 통합이 되지 않고 있습니다. 공공의 적이 있을 때 합해져야 하는데, 이것이 되지 않고 있죠. '종북(從北)'이라는 말 한 마디면 모든 것이 끝나버릴 만큼 취약하기 그지없죠. 그 내부에서 혁명이 필요한 시점입니다.

2. 대안적 삶과 가치에 대한 성찰

이러한 것들을 극복하기 위해서는 대안적 삶을 소수가 먼저 시작해야 합니다. 역설적으로 죽음과 소멸의가치에 대해 성찰해야 한다는 겁니다. 죽음의 가치, 소멸의 가치를 다시 끌어 올리자는 거죠. 오늘날처럼 세속의 삶에 대한 관심과 중요성이 비대해질수록 죽음에 대한 성찰은 오히려 더욱 의미 있게 됩니다. 그렇게 많은 사람들의 존경을 받았던 김수환(金壽煥, 1922~2009) 추기경도 끊임없이 '내 탓이요'를 외쳤지만 별 효과를 못 거뒀죠. 사람들은 모두 '너 탓이야'를 외치니까요. 생명과 죽음에 대해 이야기하지 않고, '무조건 오래 살자'고 주장합니다. 장수(長壽)가 절대적 가치가 되어버렸습니다. 오래 살기 위해선 한정된 재화를 가지고 또 서로 싸울 수밖에 없습니다. 병상에서 생명 부지로 생명을 연장하는 것이 과연 무슨 의미가 있을까요? 이래서 안락사가 나오는 것입니다. 제대로 된 삶, 제대로 가치 있는 삶을 사는 것이 더 중요합니다. 참된 행복이 무엇인지 생각해봐야 합니다.

또한 자연과 인간의 관계, 개인과 사회의 관계에 대한 근본적인 성찰을 해봐야 합니다. 이기주의가 지식을 죽인다는 것을 알아야 해요. '나' 라는 것이 사회 속에 있다는 것을 알게 해야 합니다. 내가 탄생되었다는 것은 남이 있어서 가능했다는 것을 알아야 합니다. 짐멜은 '문화는 개인이 자신의 영혼을 찾아가는 과정' 이라고 했습니다. '나' 라는 것은 선대가 남긴 유산입니다. 이것을 끊임없이 교육시켜야 합니다. 나밖에 모른다는 것은 까막눈과 같습니다. 이 사회에는 지식은 있지만 나 밖에 모르는 까막눈이 천지에 널려 있습니다. 남과 더불어 산다는 것이 어떤 것인지, 어떤 의미인지 교육시켜야 합니다. 집단이기주의도 이기주의의 변형입니다. '역지사지(易地思之)' 의 관점이 필요합니다. 내가 다른 사람 속에서 성장했다는 것을 알아야 합니다. 그래서 '내가 너고, 네가 나다' 라는 관념을 생활 속에서 자연스럽게 알려주는 것이 필요합니다.

행복에 대한 새로운 성찰도 필요합니다. 행복에 대한 목적을 다시 세워보는 것이 필요하죠. 다른 사람과 비교하며, 세상의 속도에 따라가려고만 한다면 절대 행복해질 수 없습니다. 그러면 죽을 때까지 상대적 박탈감에서 벗어나지 못할 것입니다. '몰개성적' 인 것은 외모에서만 일어나는 것이 아니라 행복의 가치에서도 일어날 수 있습니다. 행복에 대한 목적을, 가치를 스스로 세우고 따라가야 합니다. 이것이 '자신의 행복 찾기' 의 첫 시작이 되겠죠.

3. 대안적 삶을 위한 실천적 전략 탐색

필요, 욕망, 탐욕. 이 관계에 대해 다시 점검해 봐야 합니다. 욕망과 탐욕으로 가면 불행해집니다. 가장 기본적인 필요만 있으면 쓸데없는 상상으로 만들어진 욕망의 노예가 되지 않습니다. 노자가 욕망이란 인위적으로 결정되어 자연스럽지 못하다고 한 바를 얘기한 적 있습니다. 마르크스도 자본주의 국가에서는 욕망을 일부러 쥐어짜서 상품으로 만든다고 했지요. 그러므로 욕망은 자신이 필요한 만큼만 하는 것이 좋습니다.

외국 사람들은 한국 사람들을 보고, '왜 얼굴이 다 똑같아요?' 합니다. 왜 요즘 여자 연예인들은 입술을 다 뒤집는지 모르겠다는 겁니다. 입술을 안 뒤집은 애들을 보면 고마울 정도예요. (웃음) 이것은 연예기획사에서 하라고 하기 때문이겠죠. 기획사 전용 성형외과가 있다는 말도 들었습니다. 정말 요즘 친구들은 모두 똑같은 얼굴을 하고 있어서 개성이 없습니다. 같은 기준으로 비슷하게 고쳤기 때문입니다. 우리 전체의 미(美)에 대한 기준이 연예기획사에 의해 놀아나고 있습니다. 어떤 기준을 가지고 그것에 맞춰줘야만 미인이라고 하는 집단 최면에서 벗어나야 합니다.

따라서 대안이 될 만한 모델이 이제부터라도 보다 본격적으로 나와 주어야 하겠죠. 민간 수준의 새로운 '생활공동체 운동'이 나와야 한다고 봅니다. 현재의 공동체는 대부분 돈에 의한 공동체입니다. 그에 대한 대안공동체가 나와야 합니다. 자기 스스로 어떤 선택을 하고, 자신만의 백서를 만들어 따라가는 것이 중요합니다. 스스로 욕심을 줄이고 목표를 잘 세워야 합니다. 남을 따라가서는 안 됩니다. 혼자 조용히 있을 줄도 알아야 합니다. 우리는 혼자 있지 못합니다. 조용한 것을 참지 못하죠. 심지어 죽는 것도 같이 못 죽어서 같이 죽자는 자살 사이트가 생겨날 정도잖아요.

삶은 생각이다

그러고 보니 어느덧 마지막 시간이군요. 가벼운 맘으로 시작한 강의였지만 마칠 때가 되니 이런저런 생각에 새삼스럽습니다. 문득 제가 강의 시작에 앞서 '삶은 생각이다' 라고 했던 것이 기억나네요. 여러분에게 잘 와 닿지 않는 말일 수도 있었을 겁니다. 흔히들 '삶은 행동이다' 라고 생각하기 마련이니까요. 하지만 제가 말씀드린 '삶은 생각이다' 라는 말은 단순히 '관념이 최고' 라는 얘기를 하려고 꺼낸 말은 아니었습니다. 물론 삶은 기본적으로 물질적 조건에 의해 규정되지만 이러한 물질적 조건이 변화하지 않을 때, 객관적 조건이 우리를 옥죄고 있을 때, '탈출구는 없는가?' 라는 문제의식을 가지고 한 번 뒤바꿔 생각을 해보자는 뜻에서 던진 화두이기도 했죠.

저는 개인적으로, '몸' 과 '맘(마음)' 이란 글자가 같은 글자에서 나오지 않았을까 생각해보곤 합니다. 보통의 경우 몸과 마음은 같이 가지요. 마음이 가면 몸도 따라가게 되어 있습니다. 실과 바늘처럼 말이죠. 그러나 우리는 흔히 몸이 먼저 가고 마음이 따라간다고 생각하곤 합니다. 몸이 먼저 가고 마음이 따라간다는 것, 즉, 물질적 조건에 의해 의식이 결정된다는 것을 조금 어려운 말로는 '유물론(materialism)' 이라고 하죠. 하지만 저는 앞의 다른 장에서도 말했듯이 이 유물론이라는 번역어가 적합한 용어라고는 생각하지 않는데요. 오히려 'materialism'은 '구체주의' 정도로 바꿔 말하는 게 더 적절하지 않을까 생각해봅니다. 아무튼 그런데 이러한 우리의 몸이 경색되었을 때는 어떻게 해야 할까요? 몸이 회복될 때까지 기다려야 할까요? 몸이 가동되지 않을 때에는 다른 것을 가동시킬 필요가 있지 않을까요? 이럴 때 마음을 움직여야 한다고 봅니다. 몸이 계속적으로 독립변수가 된다면, 인간은 동물과 크게 다르지 않은 존재가 됩니다. 인간은 '의지'로 끊임없이 노력해야 합니다. 그렇지 않으면 몸, 경제적 조건이 좋은 사람들만이 계속해서 잘 사는 사회가 되지 않겠습니까? 노동이 소외되면, 여가도 소외됩니다. 이럴 때 반대로 '여가'로 눈을 돌려보면 노동과 관련된 다양한 문제가 해결될 수도 있지요. 이처럼 문제가 안 풀릴 때에는 우리의 생각을, 의식을 뒤집어 보는 것이 필요하다는 생각입니다. 몸이 시원찮으면 마음을 추슬러 보는 것이죠. '삶은 생각이다'라는 화두로 이 강의를 시작한 이유도 여기에 있었습니다.

우리나라의 경우도 근래에는 '한국의 문화적 특성'에 관한 많은 얘기들이 시도되고 있지만 여전히 부족하기 짝이 없습니다. 반복해서 얘기하는 것이지만 우리는 한 번도 '우리'에 대해 포괄적으로 연구한 적이 없어요. 가까운 일본의 경우엔 사회학계에서만도 일본에 대한 연구가 단행본으로만 9백 권이 넘는다는 얘기를 했던 적이 있습니다. 하지만 우리 경우엔 그렇게 넓고 세세하게 연구된 것이 거의 없는 형편이에요. 우리는 그동안 우리 자신의 얼굴은 제대로 들여다보지 않은 채 늘 다른 것들, 남의 것들에만 관심을 가져왔던 거죠.

짧은 시간이었지만 이번에 여러분과 함께 한 총 10번의 강의시간이 이런 문제들에 대해 한 번 더 환기해보고 앞으로 우리들의 삶을 어떻게 꾸려갈 것인가에 대해 고민해볼 때 조금이나마 도움이 되었다면 기쁘겠습니다. 더 좋은 기회에 다시 함께 만나기를 기약하겠습니다. 감사합니다.